인문학으로
자기계발하라

우리가 인문학을 공부해야 하는 이유

인문학으로 자기계발하라

초 판 1쇄   2019년 07월 16일

지은이 이관수
펴낸이 류종렬

펴낸곳 미다스북스
총괄실장 명상완
책임편집 이다경
책임진행 박새연, 김가영, 신은서
본문교정 최은혜, 강윤희, 정은희

등록 2001년 3월 21일 제2001-000040호
주소 서울시 마포구 양화로 133 서교타워 711호
전화 02) 322-7802~3
팩스 02) 6007-1845
블로그 http://blog.naver.com/midasbooks
전자주소 midasbooks@hanmail.net
페이스북 https://www.facebook.com/midasbooks425

© 이관수, 미다스북스 2019, *Printed in Korea*.

ISBN 978-89-6637-691-9 03190

값 **15,000원**

우리가 인문학을 공부해야 하는 이유

인문학으로 자기계발하라

Self-improvement through the Humanities

이관수 지음

미다스북스

인문학을 통한 자기계발의 정석(定石)을 꿈꾸다

나는 인문고전을 통한 자기계발을 실천하는 기술자이다. 요즘 인문학 열풍이 불고 있다. 나는 기술자이지만 인문학을 좋아하는 공학도이다. 그것 때문에 23살 때부터 대학에서 전공 공부를 하면서도 인문고전, 자기계발서, 전기문, 평전, 실용서를 읽고 글을 쓰는 습관을 손에서 놓지 않았다. 그러다 보니 애플 회장 고(故)스티브 잡스나 테슬라 회장 엘론 머스크처럼 인문학과 기술의 교차점에 있는 제품을 연구개발 · 설계 · 모델링하고 싶은 목표가 생겼다. 그러던 어느 날, 작가가 되고 싶다는 목표도 생겼다. 내가 그동안 독서와 글쓰기를 실천하면서 얻은 지식을 책으로 써서 사회적인 가치와 연결하고 싶다고 생각했고, 결국 이 책이 탄생했다. 개인과 조직이 참고할 도서가 되길 희망한다.

인문학, 행복한 변화와 성장의 중심

'워라밸(Work & Life Balance).' 몇 년 전에 등장한 신조어로 계속해서 두 각을 나타내는 말이다. 직장 내에서 업무 생활을 뜻하는 '워크(Work)'와 퇴근 후 자신만의 생활을 뜻하는 '라이프(Life)'의 균형을 의미하는 것으로, 요즘 트렌드에 맞게 '워라밸'이란 단어로 탄생했다. OECD 기준 2016 년 한국의 1인당 연평균 근로시간은 2,069시간이다. 이는 OECD 회원국 평균인 1,764시간보다 약 305시간 더 많다. 법정 근로시간인 하루 8시간 을 감안했을 때 OECD 평균 근로자들보다 38일 더 일하는 것이다. 대부 분의 직장인이 8시간만 일하는 경우는 드물다. 해야 할 많은 업무와 주변 눈치를 살피다 보면 정시 퇴근은 어렵다. 하지만 최근에 주 52시간 근무 제도가 도입되어서 근로환경이 많이 좋아졌다. 아직 갈 길이 멀다. 다람 쥐가 쳇바퀴 돌듯 돌아가는 삶, 칼퇴근을 원한다고 빨리 갈 수 없고 공부 나 자기계발을 원하지만 의욕과 달리 몸이 피곤해 쉬기 바쁘다. 일을 줄 이면 되지 않느냐는 물음에 현실을 모른다는 하소연만 가득하다.

하지만 이제 변해야 한다. 일의 비중을 올린다고 내 능력이 저절로 향 상되지 않는다. 어쩔 수 없다는 말은 변명에 불과하다. 우리는 직장과 집 만 왕복하면서 출근 도장을 찍기 위해 태어나지 않았다. 물론 일은 삶을 영위하고 행복을 추구하는 데 필수 요소다. 하지만 일 자체만을 위해 살 면 인생이 피폐해질 수 있다. 가치 있고 행복한 삶의 목적지로 향하는 여정 가운데 일은 중요한 배경이고 시간이다. 하지만 인간다움, 행복 등은 우리에게 반드시 있어야 할 필수 요소이다. 행복하고 가치 있고 인간다운 삶은 상호균형을 이룬다. 그러면서 즐거움과 성장, 의미를 추구한다. 방대한 양의 지식재산과 경험, 사람들과의 만남을 통한 조언과 성찰로 행복한 변화와 성장을 만들어가는 데 언제나 힘이 되어주는 친구이자 스승 같은 존재는 누구일까?

바로 인문학이다. 인생의 모든 영역에서 시간과 공간을 초월해 생각과 감정과 행동을 불러일으킨다. 인문학은 선조들의 지혜가 녹아 있는 완성품이다. 행복한 변화와 혁신, 성장을 추구하는 개인과 조직에게 소중한 자원이 되기도 한다. 삶의 수요에 따라 깊고 넓고 날카롭게 조각하며 원하는 꿈을 실현시킬 수도 있다.

요즘 '4차 산업혁명'이라는 말이 자주 회자되고 있다. 이세돌과 알파고가 벌인 세기의 바둑 대결에서 알파고가 승리를 거둔 후 인공지능에 대한 담론이 활발하다. 구글은 인공지능 기반 신경망 기계번역이라는 기술을 통해 한국어 문장을 영어로 번역해주는 프로그램을 제공하고 있다. 또한 몇 년 안에 사람이 운전대를 잡지 않고도 인공지능을 통해 안전하게 운행되는 자율 주행 자동차를 선보일 계획이다. 이처럼 4차 산업혁명의 중요 기술인 인공지능과 로봇, 사물인터넷, 빅 데이터, 모바일 인터넷 등이 일상생활에 활용되면서, 개인은 물론 사회구조와 경제체제 및 기업과 산업 현장 전반에 급격한 변화가 예상되고 있다. 자율 주행 자동차가 등장하면 택시운전사나 트럭운전사는 물론 교통경찰관이나 운전학원도 할 일이 없을지 모른다. 또한 구글이나 네이버 번역기를 사용하면 대부분의 언어는 다 번역되므로 앞으로 통·번역사나 외국어교사의 역할도 위협을 받을 수 있다.

이에 따라 4차 산업혁명 시대에 대학의 진정한 역할에 대한 논의가 한창이다. 기업에서도 4차 산업혁명의 기술 혁신에 부합될 인재를 채용하는 데 관심을 두고 있다. 4차 산업혁명의 핵심 키워드는 인공지능, 로봇 공학, 디지털 기술과 물리학 및 생물학 기술이라 할 수 있으므로 아무래도 그와 관련된 자연계, 공학계 학문 분야가 더 각광받을 것이라 생각한다. 인공지능의 발달로 인간은 사실상 노동력의 위기와 함께 무력감을 한없이 느끼는 처지에 놓이고 말았다. 많은 일들이 기계화·자동화되면서 인간은 한편으로는 과학기술 문명의 수혜자지만, 다른 한편으로는 피해자로서 고단한 삶을 살게 되었다.

따라서 4차 산업혁명의 부정적인 효과를 어떻게 최소화할 수 있는지에 대해 생각할 필요가 있다. 무엇보다 교육 과정의 개편이 중요하다. 상상력과 창의력을 바탕으로 인간에 대해 폭넓게 이해하는 인문학에 대한 교육이 강화되어야 한다. 4차 산업혁명의 핵심어인 빅 데이터라는 개념은 인간의 행동이나 욕망을 데이터화한 결과물이라 할 수 있다. 고객의 정신과 마음을 잘 탐구하고 이해할 수 있는 인문학적 소양을 갖춘 사람이 사물인터넷으로 수집된 빅 데이터를 창의적으로 잘 분석할 수 있다.

스티브 잡스도 학창 시절에 수학과 과학은 물론 철학과 문학에 심취했던 인재였다. 그런 열정이 있기에 스티브 잡스는 신제품 아이패드2를 소개하면서 이렇게 말했다.

"애플의 DNA는 기술만으로 충분하지 않다."
"그 기술이 인문학과 결합될 때 우리의 마음을 흥분시키는 결과를 만들어낼 수 있다."

기술과 인문학의 교차점에서 혁신적 제품이 나온다고 강조한 것이다. 페이스북의 회장인 마크 저커버그도 대학에서 컴퓨터 과학 및 심리학을 전공으로 공부했고 고등학교 때 서양고전연구라는 과목에 두각을 보인 인재로 인문학 재능이 있는 기업인으로 평가받고 있다. 조선 시대에 정치, 경제, 지리, 문학, 철학, 과학, 천문학, 의학 등 다양한 분야에서 500여 권의 저술을 남긴 실학자 정약용도 창의융합형 인재였다. 만약 4차 산업혁명을 이끄는 디지털 신기술을 이용해 제주의 관광자원을 스토리텔링한다면 스토리 내용에 대한 창의적 아이디어와 풍부한 상상력은 인문학을 전공한 사람들의 지식과 지혜로부터 나올 것이다. 요컨대 4차 산업혁명 시대에는 자연과학이나 공학 기술과 함께 인문학적 상상력을 융합하는 작업이 필수적이다. 파괴적 기술 혁신으로 세상이 바뀌지만 그 기술을 만드는 존재는 인간이다.

이 책은 인문학을 읽고 글을 쓰는 습관을 통해 행복한 변화와 성장, 혁신을 이룬 기업과 조직, 개인을 소개한다. 효과적인 실천을 돕기 위해 여러 가지 경험과 생각, 사례들을 담았다. 기업과 조직은 가치 있는 성과를 창출하고 긍정적인 영향을 받아 좋은 리더십을 세우며, 개인은 즐거움, 몰입, 가치 있는 일들을 창조해내기 위한 해결책을 이 책에서 얻기를 바란다. 이제 모두 인문학을 통한 자기계발의 삼매경에 빠져보자.

차례

1장 왜 인문학을 공부해야 하는가?

4장 인문학 자기계발을 위한 8가지 원칙

5장 나는 인문학으로 모든 것을 배웠다

Mind · Growth · Self · Thinking · Dream · Reading · Training

1장

왜 인문학을
공부해야 하는가?

Self-improvement through the Humanities

1

출근 전에 인문학을 읽어야 하는 이유

/

하루의 계획은 새벽에 달려 있다.
새벽에 일어나서 하루를 시작하지 않으면 한 일이 아무것도 없게 된다.
– 제프 베조스(아마존 CEO)

출근하기 3-4시간 전은 새벽으로 세상이 고요하다. 게다가 잠을 깬 직후이기 때문에 저절로 최상의 집중력이 생겨난다. 이 시간을 제대로 보내고 알차게 활용하라. 인문고전 같은 책을 읽고 글을 쓰기에 안성맞춤인 시간이다. 인문고전은 세상 사는 지혜를 많이 담고 있기 때문에 출근 전 직장인들에게 좋은 학습도서다. 또 인간력과 관계력을 길러서 처세술의 달인이 되는 방법을 알려준다.

새벽과 아침 시간을 알차게 활용하는 사람과 그렇지 못한 사람의 삶이 나중에 엄청난 격차로 벌어진다는 사실은 초등학생도 알 수 있다. 저녁과 밤을 쓸데없는 약속과 불필요한 일로 낭비하는 직장인들은 지금이라도 일찍 자고 일찍 일어나는 습관을 들여서 충분한 수면을 확보하라. 그래서 새벽형 인간이 되어야 한다.

출근 전 3-4시간은 본인의 미래를 바꿀 수 있는 특별한 시간이다. 10년 동안 매일 2-3시간을 공부, 자기계발에 투자한 사람과 침대에서 뒤척이며 시간을 보낸 사람이 맞이할 미래를 생각해보라. 두 사람이 한 직장에서 만나면 누가 위에 설까?

지금도 많은 직장인들이 심야형이거나 저녁형 인간이다. 어쩌면 그들은 심야형, 저녁형 생활을 즐기고 있을지도 모른다. 하지만 그런 생활이 미래에 도움이 될까? 만일 이 질문에 자신 있게 "그렇다."라고 대답할 수 없으면 지금이라도 새벽형 인간으로 자신을 변화시켜야 한다.

나는 모든 변화가 본인의 정신으로부터 시작된다는 사실을 오래전에 느꼈다. 우리의 모든 행동이 행동 자체만으로는 변하지 않는다고 생각한다. 먼저 사고방식이 변해야 한다.

이 책을 읽는 독자들 중에서 심야형이거나 저녁형인 사람들은 그런 생활이 본인의 미래에 어떤 영향을 미칠지 진지하게 생각해보자. 구체적으로 고민해야 한다. 그로 인해 경쟁력을 상실하게 될 미래를 떠올려보라.

서점이나 도서관에 가면 새벽형 인간이 되는 방법이 나와 있는 책을 쉽게 찾을 수 있다. 그 책을 읽고 자신에게 맞는 방법을 선택해서 매일 실천하라. 그러면 더 쉽게 새벽형 인간으로 변화할 수 있다.

자신을 변화시키는 행동은 욕구를 거스르는 행동이다. 더 나은 인생의 목표를 위해 자신에게 의도적인 고통을 주는 행동이다. 아무리 미래를 위한다고 해도 단기간에 자신을 심야형, 저녁형 인간에서 새벽형 인간으로 변화시키는 실천은 고통을 수반한다. 어쩌면 하루나 일주일을 망칠지도 모른다. 하지만 굳은 결심으로 꾸준히 실천하면 어느새 새벽형 인간으로 적응해가는 자신을 발견할 수 있을 것이다. 그러다 보면 나중에는 완벽한 새벽형 인간이 되어 있다.

　자신의 시간을 정복하지 못하는 자는 어떤 목표도 정복할 수 없다. 그것은 세상의 진리다. 수많은 기업의 취재를 담당했던 유명 기자가 어느 날 명함을 정리했다. 그중에는 지난 몇 년 동안 만난 유망 기업 대표들의 명함이 들어 있었다. 정리하다 보니 어느새 연락이 끊기고 재계에서 소리 소문 없이 사라진 사람들이 상당수라는 사실을 알았다. 반면에 여전히 건재한 사람들도 적지 않았다. 그 기자는 혹독한 생존경쟁에서 살아남았을 뿐만 아니라 날이 갈수록 발전하는 이들에게 도대체 어떤 공통점이 있는지 그 답을 찾기 위해 조사했다. 그리고 그 결과 그들이 새벽에 하루를 시작한다는 사실을 알아냈다.
　보통 사람들은 심야형, 저녁형이 많다. 밤 10시가 넘어야 공부, 자기계발이 잘되고 다른 일도 잘되는 사람들도 적지 않다. 그렇게 밤이나 새벽까지 늦도록 시간을 보낸 후에야 잠이 든다. 그리고 오전이 되면 바쁘게 움직이면서 학교나 직장으로 향한다. 오랫동안 심야형, 저녁형으로 살아온 사람들은 자연스럽게 해가 지면서부터 집중력을 발휘한다. 새벽, 오전, 오후에 자신의 일이나 공부, 자기계발에 투입되어야 할 집중력이 사적인 약속과 만남에 투입된다. 그 결과 술을 마시고 밥을 먹고 노는 일에 능력을 쏟는다. 그리고 다음 날에 억지로 잠에서 깨어난다. 아침밥도 제대로 먹지 못한 채 쫓기듯 학교나 직장으로 향하는 실패한 하루가 반복된다. 놀랍게도 이런 생활을 하는 학생들이나 직장인들이 적지 않다. 그 결과 대부분 남들과 구별되는 경쟁력을 쌓지 못하고 자기 생활도 제대로 관리하지 못하는 삶을 산다. 결국 머지않은 미래에 도태될 운명에 처하는 현실을 맞이할 것이다. 그것은 당연한 결과다.

'인생에서 가장 큰 지출이 무엇이라고 생각하느냐?'라는 질문에 앤드류 카네기는 이렇게 대답했다.

"아침잠이다!"

일본의 의사이며 베스트셀러 작가인 사이쇼 히로시는 건강한 사람들과 성공한 사람들의 기상 시간을 심층 조사한 후에 이렇게 결론을 내렸다.
"새벽에 하루를 시작하지 않는 사람에게는 성공도 건강도 없다!"

자수성가한 기업인, 전문가들이 공통적으로 하는 말이 있다.

"하루의 계획은 새벽에 달려 있다. 새벽에 일어나서 하루를 시작하지 않으면 그날 한 일은 아무것도 없다."

나는 하루의 행복한 감정과 우울한 감정이 새벽 시간과 아침 시간을 얼마나 잘 활용하느냐에 달려 있다고 느꼈다. 인생의 행복과 성공도 새벽과 아침에 의해 좌우된다고 해도 과언이 아니다. 자수성가한 슈퍼리치들을 보면 하나같이 새벽에 하루를 시작한다. 알리바바 그룹을 창업한 마윈 회장은 자신의 목표, 계획 중 70-80%는 자기 뜻대로 되지 않는다고 말했다. 그만큼 인생은 뜻대로 이루어지지 않는다. 나는 지금까지 인생을 살면서 확실한 진리를 깨달았다. 지금 내가 서 있는 위치는 그동안 새벽과 아침을 알차게 활용했기 때문에 주어졌다는 사실이다. 또한 시간은 절대 공평하지 않다.

우리는 스스로의 행동과 실천으로 인생을 개척해야 한다. 시간을 언제나 쏟아지는 물이라 생각해선 안 된다. 황금이나 돈으로 여기면서 써야 한다. 시간을 어떻게 보내느냐에 따라 눈부시게 비상하는 인생을 살 수도 있고 암울한 인생을 살 수도 있다. 우리에게는 각자 이루고 싶은 꿈이 있다. 조직 내에서 탁월한 성과를 이뤄서 인정을 받거나 자신의 분야에서 최고가 되고 싶은 꿈일지도 모른다. 하지만 이와 같은 꿈들은 시간을 정복하는 자만 이룰 수 있다. 시간을 지배하지 못하는 사람에게는 꿈으로 그친다.

많은 사람들이 시간은 공평하다고 말한다. 오래전부터 하루 24시간이 누구에게나 똑같이 주어진다는 말을 많이 들었기 때문이다. 그리고 대부분의 사람들은 아마존의 제프 베조스나 테슬라의 엘론 머스크 같은 세계적인 부자도 하루 24시간만 쓸 수 있다고 여긴다.

하지만 나는 시간이 아주 불공평하다고 생각한다. 하루 24시간을 48시간처럼 활용하는 사람이 있는 반면에 24시간을 12시간처럼 활용하는 사람도 있기 때문이다. 나는 시간이 돈, 자본과 비슷한 성질을 가졌다고 생각하고 지금도 절실히 느끼고 있다. 어떻게 사용하느냐에 따라 알차고 가치 있게 쓸 수 있고 물처럼 낭비할 수도 있다.

자신의 시간을 관리하지 못하는 사람들에게는 공통점이 있다. 경쟁력이 있는 사람들이 새벽 4시나 5시에 일어나서 하루를 시작하는 반면, 그들은 잠을 자고 있다. 그들이 하루를 시작할 시간이 되면 다른 경쟁자들은 인문고전, 자기계발서, 전기문, 평전, 실용서 등의 책을 애독하거나 글을 쓴다.

어쩌면 새벽에 그렇게 해봐야 얼마 안 되는 짧은 시간이라고 변명할 수도 있다. 하지만 인생은 시간으로 이루어져 있다. 하루 2-3시간이 모이면 엄청난 시간이 된다. 미래를 위한 중요한 시간을 확보하지 않으면 결코 성공할 수 없다. 또한 행복한 인생을 살 수도 없다.

2

인문학은 삶의 위대한 스승이다

/

삶의 위대한 스승은 인문학이며 그 자체가 촛불이다.
제자들의 두 눈이 밝아질 때까지, 어둠이 다할 때까지
스스로 다하여 타오르는 하나의 촛불이다.
– 유동범(작가)

나는 요즘 현대인들의 마음이 병들어간다고 느낀다. 물질이 풍족해도 삶은 버겁고, 인맥이 넘쳐나도 속내는 고독하다. 마음이 무겁고, 자존감이 약해지고, 삶의 지혜가 흐려진다면 인문이란 스승을 곁에 두자. 나는 인문이 마음의 치유자이자 삶의 격려자이며 위대한 스승이라고 생각한다. 또한 언제나 든든한 삶의 응원자라고 생각했다.

나는 눈에 보이지 않는 병이 더 고치기 힘들다고 생각한다. 왜냐하면 마음의 병은 이명과 같기 때문이다. 본인은 어지럽고 시끄럽다고 호소해도 정작 남들은 눈치조차 채지 못한다. 외로움이 무서운 것도 비슷한 이유다. '마음의 병'은 보이지 않아 고치기 힘들고, 남이 알아주지 않아 더 외롭기 때문에 현대인들이 경계해야 한다. 그런데 많은 현대인들이 이 병을 앓고 있다. 우리나라가 13년째 OECD(경제협력개발기구) 회원국 중 자살률 1위라는 오명을 벗지 못하고 있는 것은 한국인의 마음의 병이 더 심하다는 부끄러운 증거다.

나는 최근에 인문고전을 읽고 글을 쓰면서, 병은 증상이 같아도 원인이 다양하다는 것과 '마음의 병'의 원인이 무수히 많다는 사실을 알았다. 욕구를 채우지 못해 마음이 상처를 입고, 남보다 부족하다고 느껴서 마음 한구석에 열등감이 웅크리고 있고, 자긍심이 부족해 스스로를 비하하고, 미래에 대한 지나친 염려가 마음에 가득할 수도 있다. 무엇보다 상대적인 궁핍감은 마음을 병들게 하는 최악의 독소다.

영국의 사상가 버트런드 러셀이 이렇게 말했다.

"거지가 질투하는 대상은 억만장자가 아니라 조금 더 형편이 나은 거지다."

나는 인문고전을 탐독하면서 인문이 글자 그대로 인간의 문양이라는 사실을 알았다. 사유의 문양, 관계의 문양, 길의 문양, 지혜의 문양이다. 우주의 수많은 문양에서 자신의 문양을 골라 아름답고 당당하고 근사하게 삶을 살라는 게 인문학의 궁극적 지점이다. 인문학은 자신에게 맞는 신발을 신고 편안하게 걸으라고 한다. 신발이 불편하면 오래 걷지 못한다. 걷는 내내 마음과 몸이 편하지 않음을 강조한다.

"발끝으로 서면 온전히 설 수 없고, 다리를 너무 벌리면 바르게 걸을 수 없다."

노자의 『도덕경』에서 나오는 문구다. 『도덕경』과 함께 도가를 대표하는 고전 『장자』에는 그림자를 싫어하는 사람 이야기가 나온다. 어떤 사람이 그림자를 떼어내려고 걸음을 서둘렀다. 그래도 그림자는 떨어지지 않았고, 자신의 걸음이 느린 탓이라고 생각한 그는 뛰다가 숨이 차 죽었다. 장자는 "그늘에 들어가 좀 쉬면 그림자도 없어지고 지친 몸도 안식을 찾을 텐데…."라며 안타까워했다.

우리는 자주 내달린다. 서쪽으로 가는 이유, 동쪽으로 가는 까닭도 모른 채 무리를 좇고, 남들이 매달아놓은 욕망에 닿으려고 까치발을 한다. 이유를 모르고 좇으니 방향을 잃고, 까치발로 서니 내 걸음을 잊는다.

"인간은 타인의 욕망을 욕망한다."

프랑스의 철학자이자 정신분석학자 자크 라캉은 남의 욕망만 좇다가 '나'를 잃어가는 현대인의 비이성, 주인이기를 포기하고 노예로 사는 맹

목적성을 신랄하게 꼬집었다.

나는 인문학을 탐독하면서 질문과 답변은 크게 3가지임을 알았다. 인간은 무엇인가? 무엇을 할 것인가? 어떻게 살 것인가? 이 3가지다.

'인간은 무엇인가'는 인간 존재의 의미를 묻는다. 나 스스로를 어떻게 정의하고 무리가 아닌 개별의 나로 살아가는 다양한 답을 던져준다. 그 답들 중 어느 것을 자신의 삶에 적용할지는 역시 각자의 선택이다. 삶은 결국 선택이고 인문학은 우리 앞에 무수한 선택지를 던져준다. 예전에 볼 수 없었던, 무심히 스친 사유를 끊임없이 상기시켜준다. 그런 점에서 인문학은 일종의 마중물이다. 사유의 씨앗이며 나를 돌아보게 하는 성찰이다.

나는 인문학을 읽고 나답게 사는 법이 중요하다는 느낌을 받았다. 인문고전을 탐독하면서 누구도 당신이 될 수 없고, 당신 또한 그 누구도 될 수 없으니 본인의 DNA로 자신의 삶을 살아야 함을 깨달았다. 인간은 모두 고유명사이니, 다름을 틀리다고 삿대질하지 말고 아름다운 무지갯빛으로 받아들여야 한다. 타인에겐 관대하고 자신에겐 엄격한 잣대를 주머니에 넣고 다녀야 한다. 맑고 큰 영혼을 품어야 한다.

톨스토이는 이렇게 말했다.

"타인 또한 자기 자신임을 깨닫는 것, 그것이 바로 사랑이다."

이 세상 마음의 병은 대개 사랑으로 치유됨을 깨달았다. 나는 인문고전을 읽으면서 과학적 사유와 철학적 사유는 방향이 반대라는 느낌을 받았다. 과학적 사유는 다양한 현상을 분석해 근원을 캐낸다. 만유인력, 가속도, 작용과 반작용은 모두 과학적 사유의 소산이다. 철학적 사유는 동일한 주제를 다양하게 분해하는 과정이다. 철학자들은 행복, 죽음, 사랑, 본질, 실존, 신 등의 주제에 서로 다른 답안을 내놓는다. 그 다른 답안들이 때로는 퍼즐처럼 맞춰지고, 때로는 공기에 원자로 흩어져 인간의 사유를 풍성하게 한다. 철학이 큰 축인 인문은 인간에게 행복에 이르는 무수한 길을 보여주고, 자신을 돌아보게 하는 형형색색의 거울을 비춰주고, 사유를 팽창시키는 사고의 씨앗들을 뿌려준다고 배웠다.

나는 오랫동안 독서와 글쓰기를 실천하면서 인문학이 생각의 크기를 자라게 해주는 스승이라고 느꼈다. 각종 신문이나 서점에서 나오는 베스트셀러에서도 인문학 서적과 고전 읽기의 중요성을 강조한다.

카네기, 워런 버핏, 이병철, 정주영, 빌 게이츠, 스티브 잡스, 제프 베조스, 엘론 머스크가 세상의 리더가 될 수 있었던 밑바탕은 무엇일까? 알렉산더, 세종, 정조 등 국가 경영자들의 공통점은 무엇일까? 이들은 어려서부터 인문고전을 꾸준히 읽었고 성공한 후에도 가장 사랑하는 도서가 인문고전이었다. 이들뿐만 아니라 역사적 인물들은 물론, 세계적 학자와 교육자, 명문학교의 학생들 역시 인문고전의 중요성을 강조한다.

아이비리그나 유럽권 명문 학교들이 인문고전을 다수 보유하고 있으며 인문고전 수업을 위해 다각도로 노력하고 있다. 예전의 나는 '학업과 인문고전이 무슨 상관이지?'라는 의문을 갖기도 했다. 하지만 국내 명문 초·중·고에서도 서서히 인문고전의 중요성을 외치는 추세다.

명문 학교들은 인문고전을 통해 학생들이 스스로 학습, 창의력, 사고력을 키우게 만든다. 인문고전은 스승과 제자의 대화법이 주를 이루는데 이는 서로 묻고 답하며 읽는 사람까지 생각하게 만든다.

그렇다면 인문고전은 어떻게 읽는 게 좋을까? 이지성 작가는 초등학교 교사 시절 아이들에게 인문고전 독서교육을 시행했다. 그 결과 처음에 진단평가에서 꼴찌였던 그가 맡은 반이 학년 말에는 1등이 되었다고 했다. 이후에도 매번 마찬가지였다고 말했다. 이지성 작가는 반 아이들을 상대로 당근과 채찍의 법칙을 활용했다. 인문고전을 읽는 대신 숙제를 없앴다. 공부는 수업 시간에만 하도록 규칙을 정했다. 요즘 아이들은 학교 끝나면 학원으로 가는 아이들이 대부분인데 거기에 숙제까지 내주면 버겁기 때문이었다. 그리고 그는 1년간 2권 이상의 인문고전을 읽도록 학생들과 약속했다.

인문고전은 개념과 원리를 이해하는 뇌 구조를 만들어주기 때문에 시간이 흐를수록 독자들의 질문의 수준을 높아지게 한다. 그렇다면 인문고전이 왜 학습에 도움이 되는 걸까? 이지성 작가는 도서관에 있는 책들은 대부분이 인문고전이라고 말했다. 그 책들을 수준별로 나눠서 쉽게 푼 도서가 교과서임을 알려줬다. 따라서 인문고전을 읽는 것은 더 깊이, 더 많이, 더 넓게 공부하는 것이고 당연히 학습에 도움이 된다고 답변했다.

옛날 사대부들은 자식이 3살이 되면 그때부터 간단한 동양고전을 시작으로 10살 이전에 동양고전의 기초가 되는 고전들을 모두 읽고 글을 쓰게 했다. 처음에는 어려울 수도 있지만 아이들에게 흥미를 주고 평생 친구가 되는, 결코 어렵지 않은 책들이라고 인문고전에도 나온다.

요즘은 중학교 입학 전에 될 수 있으면 인문고전의 기초를 읽자는 이야기가 나오는 것 같다. 기초를 읽어두고 중·고등 시절에 대학이나 심화된 인문고전을 읽으면 쉽고 편안하게 인문고전을 접할 수 있기 때문이 아닐까? 그럴수록 인문고전이 스트레스가 되어서는 절대 안 되며 평생 친구가 되어야 한다고 생각한다. 가장 중요한 점은 부모의 역할이다. 5권 정도는 부모가 먼저 읽어야 한다. 그런 다음 자식에게 통독, 정독, 필사, 사색 순으로 1권의 책을 접하도록 지도하라. 부모는 자식의 거울이라는 말을 인문고전에서 읽었기 때문에 이런 생각이 들었다. 1년에 많은 책이 아닌, 1-2권이라도 제대로 읽고 이해해야 한다. 또 조금씩 읽더라도 매일 탐독해야 한다.

그러므로 인문의 향기로 마음의 아픔을 치유해보자. 그리고 삶의 위대한 스승이 주는 가르침을 받자. 그렇게 받은 가르침, 지혜들을 자신의 삶에 적용시키자. 인문학은 어렵다는 생각을 잠시 내려놓고, 자신의 색깔에 맞는 책 1권을 손에 쥐어보자. 의외로 아픈 마음을 달래는 치유의 마법이 그 안에 숨어 있을지 누가 알겠는가. 그 책 1권이 당신의 삶을 행복하게, 여유롭게, 우아하게 바꿔놓을지 또 누가 알겠는가. 씨앗 한 톨이 자라 커다란 느티나무가 되듯, 작은 책 1권이 당신 삶에 태산만 한 위안이 될 수 있다.

나는 『논어』를 읽으면서 타인을 존중하는 법을 배웠다. 그래서 나의 생각이나 가치관을 더 이상 남에게 강요하지 않는다. 모든 배움의 끝은 인간력의 완성으로 연결되고 그 연결은 인문학이 실현시킴을 알았다. 또한 『명심보감』을 읽으면서 마음을 다스리는 법을 배웠다. 나에게 일어나는 모든 상황은 스스로를 어떻게 다스리느냐가 관건이기 때문이다.

3

인문학은 능동적인 인생을 살게 한다

/

수백 번의 이상적인 생각보다 한 번의 능동적인 실행이 변화의 시작이다.
– 셰릴 샌드버그(페이스북 최고 운영 책임자)

나는 많은 현대인들의 문제가 바로 삶의 일정 수준에 도달하면 행복해질 것이라고 믿는 데 있다고 생각한다. 불행하게도 자신의 행복이 미래에만 있다고 여기고 그것에만 의존하면 너무나 위험하다. 우리가 자신의 삶을 관리하는 방식에 따라 우리 앞에 있는 당근이 우리의 위대한 동기혹은 좌절감의 지속적인 원천이 될 수 있다. 그렇다면 한번 질문해보자. 자신을 위해 무엇을 할 수 있는가? 자신의 삶에서 어떻게 능동적인 삶을추구할 수 있는가?

지금 당신이 보장할 수 있는 유일한 시간이 어떻게 될지, 한번 생각해보자. 바로 지금 우리가 살고 있는 인생이다. 미래에 당신의 행복이 있을 거라고 생각하는 것은 그만두고, 과거로부터 끌고 온 죄책감의 고리를 끊어보자. 이것은 '지금과 현재'에서 살도록 가르치고 있다. 이것은 현재에 기회를 주고, 이를 통한 사전 행동을 가능케 한다.

사람들은 아직 자신을 찾지 못했다고 말한다. 그러나 우리의 자아는 발견하는 것이 아니라 스스로 만들어내는 것이다. 당신은 이를 알아차리지 못할 수도 있지만, 그것은 바로 당신 자신이다.

헨리 데이비드 소로는 이런 말을 남겼다.

"나는 의도적으로 살기 원했기 때문에 숲으로 떠났다. 삶의 본질적인 사실만 밝히고, 내가 가르쳐야 할 것이 무엇인지를 배울 수 있을지, 그리고 내가 죽을 때 내가 살지 않았다는 것을 발견하지 못하는지를 알아보기 위해서이다. 나는 진정한 삶이 아닌 삶을 살고 싶지 않았다. 그만큼 삶은 너무 귀중한 것이다. 상당히 필요한 경우가 아니면, 포기하고 싶지 않았다. 나는 삶의 모든 골수를 깊게 파내고 싶다."

나는 인문고전을 읽고 글을 쓰면서, 사람은 항상 능동적인 인생을 살면서 자신을 바로잡아야 한다고 배웠다. 사람이 배움에 힘쓰지 않고 노동하지 않으면 게을러짐 또한 깨달았다. 『경행록』을 보면 이런 내용이 나온다.

"마음은 편할지언정, 육신은 가히 일하지 않을 수 없고 도는 즐거울지
언정, 마음은 가히 우환을 생각하지 않을 수 없으니 육신은 일을 하지 않
으면 게을러져서 허물어지기 쉽다."

이와 관련된 이야기가 있다. 유명한 설교가인 메이어는 매주 금요일
밤 예배당에서 설교를 했는데, 많은 사람들이 몰려들어 그의 설교를 들
었다. 그들 가운데 메이어의 설교를 좋아하여 빠지지 않고 참석하는 여
인이 있었다. 다른 여자들은 금요일 밤이 되면 안식일에 먹을 음식을 만
드느라 바쁜데, 그 여자는 메이어의 설교를 들으러 나오곤 했다. 어느 날
이었다. 그날도 메이어는 오랫동안 설교했고, 그 여인은 만족한 마음으
로 집으로 돌아왔다. 그런데 하루는 남편이 문에서 기다리고 있다가 내
일이 안식일인데 음식을 장만하지 않았다면서 크게 화를 냈다.
"도대체 어디를 갔다 왔어?"
"예배당에서 메이어 랍비님의 설교를 듣고 오는 길이에요."

그러자 남편은 더욱 화를 내며 소리쳤다.
"그 랍비의 얼굴에 침을 뱉기 전엔 집에 들어올 생각도 하지 마!"

집에서 쫓겨난 아내는 할 수 없이 친구 집에서 머물렀다. 이 소문을 들
은 메이어는 자기의 설교 때문에 한 가정의 평화를 깨뜨렸다고 마음 아

파했다. 그러고는 그 여인을 불러 눈이 몹시 아프다고 호소하면서 부탁했다.

"남의 타액으로 씻으면 낫게 된다는데, 당신이 좀 씻어주시오."

여인은 랍비의 눈에 침을 뱉어주었다.

"덕망이 높으신 분이 왜 여자가 얼굴에 침을 뱉도록 하셨습니까?"

제자들이 랍비에게 묻자 랍비는 이렇게 말했다.

"가정의 평화를 되찾기 위해선 그보다 더한 일이라도 할 수 있다네."

능동적으로 행동하고 자신의 행복을 창조해보자. 나는 누군가 당신을 행복하게 만들 때, 당신도 어떻게든 자신을 행복하게 만드는 자신의 능력을 찾아낼 수 있다고 생각한다. 우리가 능동적으로, 우리가 가진 가능성 안에서 행복을 추구한다면 그것을 발견할 가능성이 높아진다.

우리는, 인생에서 거의 기회를 얻지 못한다. 우리는 우리 자신의 인생을 창조한다. 우리는 효과가 있다고 완전히 확신할 수는 없지만, 무관심한 태도로는 결코 효과를 볼 수 없다는 것을 잘 알고 있다. 우리는 다음 단계로 나아가기 위해 필요한 모든 것을 갖추고 있다. 그러니 능동적으로 행동하자. 그 기회를 찾아보도록 하자.

나는 삶에서 결혼, 아이, 복권 당첨 등 위대한 일이 일어날 때까지 무작정 기다리지 않고 더 가까운 장소에서 행복을 찾을 수 있다고 느낀다.

우리는 '사소한 것'을 소중히 여겨야 한다. 커피 한 잔, 수제 식사의 향기, 좋아하는 것을 나누는 즐거움, 친구들이나 다른 중요한 사람들과 즐거운 시간을 즐기는 것, 이 모든 것이 행복이다.

벤자민 프랭클린이 이렇게 말했다.

"행복은 매일 일어나는 즐거움의 작은 편리함에서 비롯된다. 그것은 대개 행운을 통해 일어나는 일이지만, 평생 삶에서 직접 일어나는 일은 거의 없다."

그리고 능동적인 인생을 살면서 부지런해야 보람을 느낄 수 있다. 그런 능동적인 인생을 살게 해주는 습관들이 바로 인문고전, 자기계발서, 전기문, 평전, 실용서 등의 책을 읽고 글을 쓰는 습관이다. 대부분의 인문고전은 능동적인 인생을 살며 부지런해야 한다는 교훈을 담고 있다. 이와 관련된 이야기가 있다.

'아시아의 빌게이츠'로 불리는 스티브 김의 성공 이야기를 담은 책인 『꿈, 희망, 미래』는 그가 가난을 극복하고 아메리칸 드림을 이룬 이야기다. 그는 한국 전쟁 직후 가난한 집에서 태어났지만 어린 시절부터 희망을 잃지 않고 꿈을 키우며 자랐다. 그리고 1976년에 가난에서 벗어나고 싶다는 일념으로 단돈 2,000달러, 약 200여만 원을 들고 미국으로 건너갔다. 청소하고 차고를 지키는 일 등 온갖 일을 마다하지 않고 일하며 숱한 고생을 했지만, 꿈을 이루려는 열정으로 야간대학원을 다녔다. 그 결과 3년 후에는 미국의 대기업에 입사할 수 있었고 이후 새로운 도전정신으로 중소기업의 세일즈맨을 자청하여 회사를 크게 키우는 데 공을 세웠다. 그러나 거기에 안주하지 않고 친구 집 차고를 빌려 컴퓨터 네트워크 부품업체를 창업했다. 시작은 초라했으나 1년여 만에 제품을 개발하여 나사(NASA)의 주문을 받기 시작했고 회사는 급속히 성장했다. 그리고 두 번째 기업을 창업하여 3년 만에 직원 1,500명에 60여 개의 해외지사를 둔 명실상부한 글로벌 기업으로 키울 수 있었다. 한국을 떠난 지 20년 만에 그는 아시아 최고의 억만장자가 되어 한국으로 돌아왔다. 그리고 자신이 설립한 꿈희망미래재단을 통해 그동안 자신이 일군 성공을 나누고 있다. 이제는 어려운 사람들에게 나누고 베풀면서 꿈과 희망을 심어주는 일을 하고 있다.

나는 인문학에서 능동적인 삶의 중요성을 배웠다. 능동적으로 게으름을 경계하고 수동적인 삶에서 벗어나려 노력하는 자만 많은 수확을 얻을 수 있다는 사실을 인문학에서 배웠다. 그리고 인문학을 통해 모든 놀이와 오락, 유흥은 이로운 것이 없고 항상 능동적으로 부지런함을 추구해야 삶의 보람을 느낄 수 있음을 알았다. 또한 인문학을 통해 자신을 바로 잡는 법을 배웠다. 능동적으로 일하지 않으면 나태해지고 한가해지며 그런 생활을 경계해야 함을 알았다. 능동적으로 있는 그대로의 자신이 되어야 한다는 생각도 들었다.

다른 사람이 되려는 것은, 곧 나 자신의 면모를 낭비하는 것이다. 우리는 우리 자신이 될 수 있다. 내면의 자신의 모습을 받아들여라. 당신이 알고 있는 당신 자신이 되자. 당신의 최고의 모습을 찾을 수 있을 것이다. 당신이 너무 오랫동안 밀어붙여온 지금의 모습은, 이제 당신에게 낯선 사람이 될 것이다. 당신은 이제 다른 모습으로 변했기 때문에, 아마 당신은 당신 자신을 두려워할 수도 있다. 성장하고자 하는 사람들에게 주어지는 가장 큰 도전 중 하나는, 바로 변할 수 없는 것을 받아들이는 방법을 배우는 것이다. 때로는 해결책이 없는 무언가를 찾아서 방황하는 것보다 차라리 적응하고 받아들여야 함을 느꼈다. 물론 어려운 일이고 대부분 그렇다고 생각할 것이다. 그런데 세상은 항상 우리가 돌아갈 수 없고 넘어설 수는 없는 한계를 준다. 그러므로 평범한 삶을 받아들이는 것이 아니라 오히려 자신이 완벽하지 않더라도 자신을 사랑하고 가치를 부여하는 법을 배우는 것이 더욱 중요하다.

4

인문학 속에 삶의 길이 있다

/

길을 아는 것과 그 길을 걷는 것은 분명히 다르다.
– 작자 미상

막대한 국민소득을 눈앞에 두고 있는 우리는 과연 행복할까? 사실 나는 의구심이 든다. 물질적 풍요의 시대에 살면서 경제가 행복의 최고 가치 기준이 된 지 오래다. 하지만 상위 10% 자산가가 차지하고 있는 자산이 전체의 66%에 달한다는 보고서(2000–2013년 기준)는 과연 일상을 살아가는 사람들에게 경제지표가 무슨 의미가 있는지 되묻게 된다.

글로벌 금융 위기 이후 심각해진 부의 편중은 대다수 국민의 삶을 파괴하고 있다. 우리는 경제지표가 보여주는 곡선으로 하루를 웃었다 울었다 하며 롤러코스터를 타는 심각한 조울증 환자가 되었다. 이제는 매일 먹고사는 문제뿐만 아니라 미래에 먹고사는 문제까지 고민해야 하는 경제적 압박감에 시달리고 있는 것이다.

이런 현대인들의 불안 증상에 대해 정부 또는 신문이나 방송에서는 매일매일 경제 처방전을 쏟아내고 있다. 이렇듯 수많은 경제 처방전이 난무하는데도 우리는 왜 아직도 행복하지 않은가? 약에 의존할수록 그 약 없이는 살 수 없을 것 같은 약의 심각한 남용과 중독에 사로잡힌 것은 아닐까? 행복의 기준이 경제에 달려 있다는 경제 절대주의에 문제가 있는 것은 아닐까? 그렇다면 이제 우리는 이 병을 어떻게 어디서 고쳐야 할까? 모든 것이 인간으로부터 시작하고 인간을 위한 것이어야 한다면 그 답은 '인문'에서 찾아야 한다. 바로 이것이 인문 처방전이 시대적 요청으로 다가오는 이유일 것이다.

인문학은 삶의 올바른 길을 제시하면서 선행을 계속하라는 가르침과 지혜를 준다. 또한 선행은 하늘도 알고 있다는 내용이 인문고전에 많이 나온다. 공자는 이렇게 말했다.

"선한 일을 하는 사람에게는 하늘이 복을 주시고, 악한 일을 하는 사람에게는 하늘이 재앙을 주신다."

그리고 이와 관련된 이야기가 있다.

네로 황제는 대로마제국의 황제로서 15년간 집권했던 왕으로 방탕했다. 플리니우스는 그를 가리켜 '인류의 파괴자'이며 '세상의 독'이라고 표현했다. 그가 살던 왕궁은 복도의 길이만도 1km가 넘는 호화찬란한 궁성이었다. 집안의 모든 벽은 상아와 자개로 장식되었고 천장에는 특별한 샤워 장치가 붙어 있어서 손님에게 향수가 이슬처럼 포근히 뿌려지도록 되어 있었다. 네로 황제의 왕관은 10만 달러가 넘었고 노새와 조랑말은 은으로 장식된 신발을 즐겼다. 외출할 때면 1,000명 정도의 군사와 마차와 말들이 뒤따랐으며 낚시할 때에는 금으로 만든 낚싯바늘을 썼다고 한다. 호화로운 옷이 너무 많아서 한 번 입었던 옷은 두 번 다시 입지 않았다고 한다.

이처럼 세상 극치의 부귀영화를 다 누렸지만 사람 목숨을 파리 목숨처럼 여긴 그는 결코 행복한 생활을 하지 못했다. 그렇기에 네로 황제는 허무와 공포 가운데서 스스로 생명을 끊는 자살로 일생을 마칠 수밖에 없었다.

현대의 우리에게 필요한 인문 처방전은 무엇일까? 나는 최근에 인문 고전을 애독하면서 이런 내용을 읽었다. 인문학의 대가들은 오래전부터 전 세계 각지 기업의 CEO들과 사내 직원들을 위한 인문학 교육에 힘써 왔다. 인간이 소외되고 도구화되어가는 현실을 깊이 우려하면서, 인간의 존엄성과 삶의 가치를 고취하고자 하는 취지였다. 그리고 온갖 사회적 이슈를 고민하면서 짧은 시평을 발표해왔다. 대부분의 인문고전은 긴 세월 동안 사람들이 고민해온 우리 시대의 문제점에 대한 답을 인문학적 성찰을 통해 알려준다.

따분한 일상에서 의미를 찾지 못하는 이들에게는 노자의 말을 인용하여 평범한 일상을 즐기라는 처방전을 내린다. 그것은 자신들이 먹고 있는 음식에서 참맛을 음미하고 자신들이 입고 있는 옷에서 참된 멋을 뽐내라는 것이다. 누구나 꿈꾸는 '즐기는 삶'에 대해서는 공자의 말을 인용하여 즐기기 위해서는 먼저 좋아해야 하고, 좋아하기 위해서는 먼저 알아야 한다는 방법론을 알려준다. 인문학은 우리 사회의 심각한 외모지상주의에 대해서, 아름다워지고 싶은 욕망은 인정하면서도 자신의 내면을 들여다보지 못한다면 외양은 오히려 내면을 망치는 괴물이 될 수 있음을 경고한다. 또한 인류가 무엇을 꿈꾸고 있는지를 아랑곳하지 않고 그저 정치를 위한 정치를 열심히 하는 정치인들이 국가라는 수레를 엉뚱한 방향으로 이끌어가는 것을 걱정한다.

리더십의 부재 또한 우리 시대가 고민해야 하는 문제일 것이다. 진정한 리더십은 자신의 초능력으로 수하를 이끌고 가는 것이 아니라, 따뜻한 마음과 소통에 있다. 유방과 이순신 장군의 예가 그렇다. 부당한 갑질과 승자독식에 대해서는 『주역』의 '국태민안'의 태괘를 예를 들면서 무거운 땅의 음기는 내려오고 하늘의 가벼운 양기는 올라가야 길한 괘가 되는데, 이는 높은 사람일수록 아래에 처해야 좋은 세상이 된다는 것이다. 이처럼 동서고금의 성인과 고전에서 찾아낸 저자의 처방전은 너무나 쉽고 상식적이다.

고령화사회의 가장 심각한 문제인 노인 문제와 효의 상실에 대한 고전의 처방전은 인문학적 성찰을 넘어 감동적이기까지 하다. '고려장' 설화인데 한 관리가 늙은 어머니를 산에 버리러 가는데, 어머니는 아들이 돌아가는 길을 잃을까 봐 가지를 꺾어 표시했고, 이에 아들은 잘못을 깨닫고 어머니를 다시 집으로 모셨다는 이 이야기는 오늘날도 유효하다. 인문학은 자연적인 내리사랑이 치사랑을 이끌어낸 감동적인 이 이야기를 통해 치사랑을 실천하면서 인간이 '인간'이 되었음을 확인하고 인류 문화의 원동력이 이 치사랑에서 발견된다고 역설한다.

이렇듯 인문학의 주옥같은 처방전은 우리가 잊고 있었던 삶의 가치를 회복시켜준다. 인간이 인간이기 위한 삶의 가치들을 찾아 일상에서 실천해간다면 우리의 아프고 다친 마음들도 점차 치유될 것이다. 인문고전은 인문학적 가르침과 배움이 일상에서 얼마나 중요한지 새롭게 깨닫게 해준다. 우리 자신에게 필요한 인문 처방전이 무엇인지 궁금하다면 지금 당장 인문고전을 펼쳐라.

인문고전은 우리에게 많은 인문학적 가르침과 배움을 일깨워준다. 무엇보다 인간으로서의 선행을 중요시 여기고 아무리 작은 악이라도 행하지 말라고 우리를 다그친다.

한나라의 소열황제는 임종이 가까워지자 후주에게 칙어를 남겼다.

"선이 작다고 해서 행하지 않으면 안 되며, 악이 작다고 해서 이를 범해서도 안 된다."

이와 관련된 이야기가 있다.

옛날에 가난하지만 복이 많아 아들 열둘에 딸을 하나 둔 사람이 있었다. 자식들이 효심도 깊어 서로 모시겠다고 할 정도였다. 왕이 소문을 듣고 시험해보기 위해 그를 불러 금반지를 하나 주면서 열 달 뒤에 이것과 똑같은 것을 가져오지 않으면 그를 죽이고 재산을 빼앗겠다고 했다. 그런데 배를 타고 돌아오는 길에 왕의 신하들이 불한당으로 위장을 하여 그 사람에게 시비를 걸어 반지를 빼앗아 바닷물 속으로 던져버렸다. 그는 바닷물 속에 반지를 빠뜨린 것 때문에 걱정하다가 병이 나고 말았다. 왕이 준 기한이 얼마 남지 않은 상황에서 딸을 찾아갔다. 병이 난 장인을 걱정하여 사위가 붕어를 사왔는데 배를 가르자 금반지가 하나 나왔다.

"어머, 붕어 배 속에서 무슨 금반지가?"

그가 금반지라는 소리에 벌떡 일어나 가보니 바로 왕이 주었던 금반지였다. 왕이 말한 날이 되어 금반지를 들고 왕에게 가 반지를 보여주니 왕은 깜짝 놀라 '분명 바닷물에 집어넣었는데 어찌 똑같은 반지를 가져올 수 있단 말인가?'라고 생각하며 그를 추궁했다.

"바른 대로 말하라. 이 반지가 어디서 났느냐?"

"제가 그 반지를 가지고 오는데 불한당이 나타나서 시비를 걸더니 하필 그걸 빼앗아 바다로 던져버리지 뭡니까! 그 때문에 병이 났는데, 딸네 집에 갔다가 제 건강을 걱정한 사위가 사온 붕어의 배를 갈랐더니 이 반지가 나왔습니다."

"과연 하늘이 준 복이로구나!"

왕은 감탄하며 반지와 함께 벼슬을 주었다.

나는 인문고전을 오랫동안 읽으면서 많은 위인들이 『논어』, 『채근담』, 『명심보감』, 『탈무드』 등 인문고전에서 내가 가야 할 길을 찾았음을 깨달았다. 인문학은 선행을 계속하라는 가르침을 준다. 끊임없이 선행을 하면 많은 재앙을 예방할 수 있다. 나는 선행을 꾸준히 실천해서 복이 제 발로 들어오는 현상을 경험했다. 내 삶의 길은 『명심보감』이다. 『명심보감』은 나에게 절제, 다스림의 미학을 가르쳐주었다. 그리고 가르침의 원칙을 세워서 잘 살고 건강하게 사는 비결을 알았다. 또한 마음을 바로 닦아 스스로를 경계하는 법도 배웠다.

5

인문학은 현재와 미래를 이어지게 한다

/

미래는 현재 우리가 무엇을 하는가에 달려 있다.
— 마하트마 간디

인문학이 어떻게 현재와 미래를 이어줄까? 나는 최근에 이에 대한 해답을 찾았다. 미래는 현재의 연장이 아니다. 변화가 역동하는 가운데 인간의 역할이 저절로 주어지는 게 아니라는 이야기다. 나는 미래를 인간의 시간으로 만들려면, 인간 스스로 자신의 모습을 구상해내야 한다는 생각을 했다.

최근에 『포스트 휴먼이 온다』라는 책을 흥미롭게 읽고 느낀 바가 많다. 새로운 4차 산업혁명을 목전에 둔 지금, 『포스트 휴먼이 온다』라는 책에는 미래를 다시 한 번 인간의 시간으로 만들기 위한 한 인문학자의 고민이 담겨 있다. 학사부터 박사 학위까지 철학에 천착했음에도 인공지능과 인공생명, 가상현실 등 4차 산업혁명의 핵심 기술들을 능숙하게 요리해 낸다. 이 책에서 저자는 책에서 다루는 미래 기술들이 지금 상태로선 "미래의 기술이 될 수 없다."라고 주장한다. 그 미래 기술이 발전하는 궤적을 살펴보면, 인간의 삶과 행위를 제대로 고려하고 있지 못한 탓이다. 단적으로 인간의 신체와 관련된 기술은 신체를 이루는 각각의 기관을 낱낱으로 나눌 수 있는 것으로 간주한다. 따라서 몸이라는 전체의 관점을 상실하게 된다.

이런 한계는 세계적인 공학자 킴 비센티가 자신의 저서 『호모파베르의 불행한 진화』에서 언급한 두 유형의 키클롭스를 상기하게 한다. 그는 다음과 같이 말한다.

"사람에게만 초점을 맞추고 기술에는 초점을 맞추지 못하는 외눈박이 인문학자와 기술에 대해서는 알지만 사람에 대해서는 모르는 외눈박이 기계론자가 있다. 이렇게 우리 모두는 눈 하나는 감은 상태로 떠돌고 있다."

우리는 전체를 이해하는 교육을 등한시한다. 전체를 각각의 부분으로 쪼개서 분석하려 한다. 눈은 얼마든지 렌즈로 대체할 수 있다. 그 다음엔 인공근육, 종국엔 인공지능이다. 이때 인간의 의미는 무엇일까? 기술의 대체재, 그것도 열등한 대체재로 전락할 뿐이다. 부분에 집착하는 접근법은 이렇게 기술과 인간이 맺고 있는 상호관계를 왜곡시키고 만다. 4차 산업혁명에서도 예외가 아니다. 인간이 자신의 노동과 맺는 관계가 왜곡됨으로써, 현재의 새로운 산업혁명을 추동하는 기술은 인간에게 일을 박탈하는 방식으로 전개되고 있다. 인간의 노동은 기계의 그것과 다를 바 없으며, 따라서 4차 산업혁명은 인간이 필요 없는 산업구조로 돌진하게 된다. 하지만 인간은 노동을 통해 미래로 향해 가는 존재다. 노동의 박탈은 곧 미래의 박탈로 이어진다. 중독은 이렇게 미래와 단절된 인간이 극단의 권태에서 이르게 되는 병리적 현상이다. 인간의 노동을 4차 산업혁명의 '디스토피아'에서 구출하기 위해 저자는 '협력'을 말한다. 인간과 기계의 협력뿐만 아니라 인간과 인간의 협력을 추구해야 한다는 게 저자의 논지다. 저자는 이 책을 통해 인문학이 사회와 미래에 어떻게 기여할 수 있는지를 보여준다.

나는 이 책을 읽고 인문학은 과거를 담는 서재가 아니라 미래학의 방법론임을 깨달았다. '미래인문학'으로 명명하는 새로운 미래학을 통해 우리는 '사람이 살아가는' 온전한 미래를 구상해볼 수 있다고 느꼈다. 요즘은 많은 세계적인 기업인들과 전문가들이 인문교육의 중요성을 강조한다. 미국의 기업인이자 투자가인 워런 버핏은 뛰어난 투자 실력과 기부 활동으로 인해 흔히 '오마하의 현인'이라 불린다. 2010년을 기준으로 〈포브스〉는 버핏 회장을 세계적인 세 번째 부자로 선정했다.

워런 버핏은 증권 중개인이자 공화당 하원의원을 지낸 하워드 호만 버핏의 아들로 태어났다. 어렸을 때 별명이 '책벌레'일 정도로 책을 늘 가까이 했는데, 10살 때 오마하 공공도서관을 찾아 투자 관련 책과 인문고전을 모조리 읽을 정도였다.

그는 자신이 가장 애독했던 책이 '인문고전'이라고 답했다. 그러면서 한 분야의 전문가가 되려면 다른 사람보다 5배 이상 집중적으로 읽고 글을 써야 한다고 말했다. 신문과 책, 보고서를 읽을 때 정독을 하며 자그마한 숫자도 정확하게 기억할 정도인 버핏 회장은 성공하기 위해서는 꾸준히 읽고, 쓰고, 배우고, 귀담아듣고, 우선순위를 정하는 습관을 가져야 한다고 주장했다.

나는 최근에 인문학의 미래가 인류의 미래라는 생각을 많이 했다. 사실 인문학을 읽으면서 현재와 미래의 상반된 이야기들을 많이 들었다. 한쪽에서는 인문학의 위기를 말하고 다른 쪽에서는 인문학이 융성할 시기가 되었다고 하는 느낌도 받는다. 인문학의 위기는 제도권 인문학자의 위기일 뿐, 소득 증대에 따른 삶의 질 향상을 위해 인문학이 더 중요해졌다는 것이다. 어느 쪽이든 나름 근거가 있어 보인다. 상반된 입장이지만 양측의 주장은 우리 사회에서 인문학이 여전히 중요한 가치를 갖는다는 점에 분명 동의하고 있다. 인문학을 비롯한 기초 학문의 중요성을 새삼 거론할 필요는 없다.

하지만 흔히 말해 돈이 되지 않는 학문을 피하려는 경향이 여기저기서 보인다. 이공계의 우수한 학생이 의학대학원에 진학했다고 걱정하는 목소리도 있고 인문계의 많은 학생들이 고시 열풍에 휩싸여 있다고 근심하는 소리도 들린다. 가까운 일본에서도 인문학 위기론이 대두되고 있다고 하니, 이는 많은 나라에서 공통적으로 겪는 일인 듯하다. 또한 최근 미국의 하버드대에서 핵심교양을 개편하면서 나온 자료에 의하면 인문학과 자연과학 등 기초학문 전공만으로 구성된 하버드대 학부생의 경우 5%만 졸업 후 전공 대학원에 진학하기를 희망한다고 한다. 또 53%의 학생은 학부를 마친 후 경영, 의학, 법률 관련 전문대학원에 지원할 예정이라고 한다.

이 자료를 보면 고시 열풍이 비단 우리만의 문제가 아닌 것이 분명하다. 우리 사회에서 고시는 권력과 경제적 풍요를 대변한다. 그런 권력과 부의 추구를 전체 졸업생의 반 이상이 전문대학원을 택하는 하버드대에서도 엿볼 수 있는 것이다. 학부생의 5%만이 졸업 후 전공 대학원에 진학하겠다는 하버드대에 비해, 우리는 여전히 많은 학생이 대학원 진학을 꿈꾸고 있다는 점에서 고무적이기까지 하다. 물론 권력과 경제적 풍요를 꿈꾸는 것은 어느 시대에나 있던 일이다.

그러나 인문대학과 인문학 교육은 한 사회의 전 구성원이 교양인으로서 갖추어야 할 소질과 능력을 배양한다는 측면에서 당장 눈앞의 이익을 떠나 국가적으로 보호해야 한다. 동시에 인문학 종사자들 역시 자기 분야의 전공자만 교육 대상으로 생각하는 태도를 버려야 한다. 인문학에 대한 사회적 요구에 대해 눈을 감고 여전히 전문성만 강조하는 자세는 매우 편협한 주장이며 다양성의 추구가 특징인 인문학과도 어울리지 않기 때문이다. 그런 측면에서 인문계 학생들의 고시 열풍에 대해서도 그렇게 한탄만 할 것은 아니다. 그보다는 먼저 그들에게 인문학이 진정 가치 있는 분야라는 점을 체감할 수 있게 해주고 그들에게 어떻게 올바른 가치관을 심어 우리 사회에 공헌하게 할지를 고려해야 한다.

나는 인문학이 주로 다루는 인간과 문화에 대한 이해가 바로 미래 사회 창조성의 핵심이라고 할 때, 인문학이 가는 길이 결국 우리 대학 사회, 우리나라가 가는 길이 될 것이라고 생각한다. 그리고 이런 인식이 확산된다면 인문학의 미래는 물론, 우리 사회의 미래 역시 밝아지리라 확신한다.

내 삶에서 인문학이 현재와 미래를 이어지게 한 사례가 있다.

나는 어릴 적에 남의 지적을 받는 것을 싫어했다. 하지만 인문고전을 탐독하고 나의 잘못이나 결점을 지적해주는 사람이 참된 스승임을 깨달았다. 그 후로 지적해준 사람들에게 말해줘서 고맙다고 했더니 스스로 긍정적으로 변화하면서 미래에 주변 사람과의 관계가 현재보다 더 매끄

러워짐을 경험했다. 오랫동안 인문고전 등의 책을 읽고 글을 쓰면서 나의 착함을 말해주는 사람이 나의 적이요, 나의 좋지 못함을 말해주는 사람이 곧 나의 스승이라는 느낌도 많이 받았다. 그리고 마음을 다스리는 일이 가장 어렵다는 배움도 얻었다.

마음을 잘 다스려서 현재에 충실하면 미래에 더 큰 복이 이어지는 사례도 인문고전에서 찾을 수 있다. 똑같이 직장에 입사한 두 청년 중 1명은 작고 하찮은 일을 견디지 못해서 뛰쳐나가고 다른 1명은 작은 일에 최선을 다해야 큰일을 맡을 수 있다는 인문고전의 교훈을 명심하며 매사에 최선을 다했다. 나중에 그는 직장에서 충실히 쌓은 경험을 토대로 여러 개의 회사를 창업한 사장이 되었다. 이 사례를 통해 작은 일에 최선을 다해야 큰일에도 전력을 다할 수 있다는 사실을 깨달았다.

나는 많은 책들을 읽고 글을 쓰면서 현대인의 미래에 대한 불안이 과거보다 더 크다고 느꼈다. 기술과 과학의 발달로 사람들의 일자리가 위험하다. 불안이라는 감정은 무한한 자유 속에서 자신이 무엇을 해야 할지 모를 때 가장 많이 느끼는 감정이라 생각한다. 그 불안 때문에 현재 아무것도 하지 못하는 일도 생긴다. 직장을 다닐 때는 계속 다니고 싶지만 미래의 비전이 보이지 않아 불안하고, 막상 그만두고 나오면 앞으로 무엇을 해서 먹고 살아야 할지 불안하다. 많은 직장인들이 미래를 생각하면 설렘보다 불안이 더 크다고 한다. 하지만 나는 불안할수록 현재 자신에게 주어진 것에 더욱 충실해야 한다고 생각한다. 결국 현재에 충실하라는 이야기는 우리 모두에게 필요한 이야기다. 그래서 우리는 미래 문제를 해결하는 키워드를 인문고전에서 찾아야 한다. 이는 과거 르네상스 시기의 인문고전 부활 운동과 비슷하다. 중세의 여러 문제와 모순을 해결하기 위해 르네상스 시기의 인문학자들은 인문고전으로 눈을 돌렸다. 여기에 주목하자. 미래 사회의 성숙한 시민이 되기 위한 해답은 인문학에서 찾을 수 있다. 인문학의 원동력인 다양성과 개방성, 고정관념의 탈피 등은 우리가 어떤 방향으로 나아가야 할지를 설득력 있게 제시하고 있다.

6

인문학은 삶의 기적을 창조한다

/

기적을 기대함은 좋다. 하지만 기적에 너무 의존해서는 안 된다.
— 유대인 격언

나는 인문학은 유행이 아니라 현대인들에게 필요한 생존력이라 생각한다. 미래학자들은 물론 여러 분야의 전문가들은 이구동성으로 말한다. 이제 우리는 기업과 조직 안에서 안정된 삶과 성공이 보장되던 시절이 지나갔고 모든 것이 불확실하고 유동적인 시대를 살고 있다는 것이다. 100세까지 수명이 길어진 시대인 만큼 이제는 직업이나 직장을 10번이라도 바꿀 각오를 해야 한다. 이처럼 산업구도와 지식의 지형이 하루아침에 바뀌는 시대에 진정으로 필요한 능력은 무엇일까? 나는 급변하는 디지털 시대의 소용돌이에 휘말리지 않고 정신을 차리려면 무엇보다 내공이 필요하다고 생각한다. 예측하지 못했던 상황이나 변화가 닥쳐도 자신을 붙들어둘 수 있는 능력이 바로 내공이다. 이런 내공이 있어야 변화에 대처하여 생존하는 힘을 기를 수 있다.

인문학을 읽으면 생존력을 기를 수 있을 뿐만 아니라 본인의 지나간 일을 반성하게 된다. 나는 인문고전과 같은 책을 탐독하고 글을 쓰면서 과거가 미래의 거울이며 미래를 알고 싶으면 먼저 지나간 일을 살펴야 함을 깨달았다. 나는 독서와 글쓰기를 매일 실천하고 많은 사람들과 지내면서 친절은 하루아침에 이루어지지 않으며 따뜻한 품성이 쌓인 인격임을 알 수 있었다.

공자는 이렇게 말했다.

"밝은 거울로 얼굴을 살필 수 있고 지나간 일로써 현재를 알 수 있다."

이와 관련된 사례가 있다.

비가 쏟아지는 날, 어느 가구점 밖에서 다리를 저는 할머니가 물건을 구경하면서 누군가를 기다리고 있었다. 젊은 점원이 뛰어나가 말했다.

"할머니, 밖에 서 계시지 말고 비도 피하실 겸 들어오셔서 보세요."

"나는 물건을 살 사람이 아닌데요."

"괜찮습니다. 어서 들어가시지요."

점원은 웃으면서 할머니를 안으로 모셔와 자기 자리에 앉아 기다리게 했다. 며칠 후, 이 가구상에 놀랄 만한 편지 한 통이 배달되었다. 그것은 강철왕 카네기로부터의 친필 편지였다.

"일전에 비 오는 날, 저희 어머니에게 베푸신 친절에 감사드립니다. 어머니의 요청으로 지금 짓고 있는 저택과 플랜트 회사에서 쓸 가구 일체를 당신의 상점으로부터 구입하고 싶습니다."

나는 이 사례를 통해 친절은 하루아침에 만들어지지 않으며 따뜻한 품성이 쌓인 인격임을 알게 되었으며, 미래를 알고 싶으면 지나간 일을 살펴야 함을 깨달았다.

요즘 '인문학이 유행이니까 인문학을 읽으라고 하는구나.'라고 생각하는 사람들이 많다. 하지만 나는 인문고전을 읽고 글을 써야 하는 이유는 유행을 따르기 위함이 아니고 교양을 쌓기 위해서나 과거의 향수 때문도 아니다. 나는 인문고전을 읽어야 하는 가장 큰 이유가 스스로 배우고 즐기는 능력을 키우기 위해서라고 생각한다. 우리는 평생을 배워야 한다. 배움은 우리의 자존감을 향상시키고 배움이 깊어질수록 타인의 시선에 얽매이지 않고 당당하게 살 수 있는 내공을 기를 수 있다. 문제가 닥쳤을 때 순발력 있게 해결하는 능력, 안전한 시스템 속에서 안주하기보다 배짱 있게 도전하는 능력, 실패해도 일어설 수 있는 정신력도 배움을 통해 기를 수 있다. 나는 인문독서의 또 다른 목적을 공감하고 연대하는 힘을 키우기 위해서라고 생각한다. 신자유주의, 자본주의 체제 속에서 많은 사람들이 고용 불안에 시달리고 심지어 생존의 위협에 내몰리고 있다. 고용 불안, 실업 문제, 빈부 차이, 학벌사회, 인권 문제 등 현재 우리 사회는 머리를 맞대고 풀어야 할 문제가 아주 많다. 이런 문제들을 풀어 나가기 위해서는 일찍이 세상과 이웃에 관심을 갖고 토론과 합의를 통해 문제를 해결하는 연습을 해야 한다. 무작정 주입식으로 교육하는 학습은 문제가 있다. 나는 학교 교육을 비롯한 모든 교육의 기본이 독서와 글쓰기라고 생각한다. 현대인들은 반드시 인문고전, 자기계발서 등의 책을 읽고 글을 쓰면서 토론해야 한다.

나는 인문고전을 읽으면서 지나간 일은 밝은 거울 같고 미래의 일은 어둡고 칠흑 같아서 앞날은 아무도 모른다는 사실을 알았다. 자동차 왕으로 불리는 헨리 포드가 처음에 자동차를 만들었을 때 신문과 사람들로부터 심한 조롱과 비웃음을 당했다. 미처 후진기어를 만들지 않았기 때문이다. 당시 말을 타고 다니던 시절에 동물이나 사람의 힘이 아닌 기계의 힘으로 움직이는 발명품을 만들어놓고 의기양양했던 헨리 포드는 당황했다. 하지만 그는 일을 하는 중에도 꾸준히 인문고전과 자기계발서를 애독하고 글을 쓰면서 배움에 힘썼고 나중에 획기적인 자동차를 개발한 포드사의 창업주가 되었다. 그가 개발한 자동차는 전 세계를 뒤덮었다.
다가오는 인류의 미래를 어둡게 하는 세 마디 말이 있다.
"다 그런데 뭐!"

"나 하나쯤이야."

"다른 사람들이 하니까!"

어둠을 빛으로 바꾸어야 한다.

"다 그래도…!"

"나 하나만은…!"

"다른 사람이 하지 않아도 나는…!"

이렇게 미래를 희망차게 하는 세 마디의 말로 바꿔볼 수 있다.

한 치 앞을 모르는 것이 인생임을 보여주는 인문고전의 사례도 있다. 『경행록』에 이런 구절이 나온다. "내일 아침의 일을 저녁 때에 가히 그렇게 된다고 알지 못할 것이요, 저녁 때의 일을 오후 4시쯤 가히 꼭 그렇게 된다고 알지 못할 것이다."

어느 날 학교에서 교사가 아이들에게 자신의 꿈을 설계하라는 숙제를 냈다. 학생들 중에 말 조련사 아버지를 둔 소년이 있었다. 소년은 평소에 아버지가 일하는 모습을 눈여겨보면서, 커서 100만 평짜리 거대한 목장의 주인이 되리라는 꿈을 꾸었다. 그리고 7장의 종이에 그 꿈을 이루기 위한 구체적인 계획과 일정을 꼼꼼하게 작성해 다음 날 선생님에게 제출했다. 그런데 선생님은 소년의 숙제에 빨갛게 가위표를 치며 말했다.

"애야, 네 아버지는 지금 너무 가난하단다. 이 꿈을 이루기 위해서는 엄청난 돈을 모아야 하는데, 그게 가능하겠니? 좀 더 현실적인 계획표를 작성해오면 그때 다시 점수를 주겠다."

하지만 소년은 당당하게 말했다.

"선생님! 그냥 0점을 주세요. 점수와 제 꿈을 바꾸지 않겠어요."

30년 후, 소년은 그의 꿈대로 100만 평의 목장 주인이 되었다.

어느 날 한 늙은 노인이 찾아왔다. 100만 평에 달하는 엄청난 목장의 규모를 보고 벌어진 입을 다물 줄 모르던 그는 목장 주인의 손을 덥석 잡으며 이렇게 말했다.

"이보게! 나를 기억하겠나? 30년 전 자네의 100만 평 꿈에 가위표를 했던 선생이라네. 아, 나는 수많은 아이들의 꿈에 가위 표시를 한 꿈 도둑이네, 꿈 도둑! 아, 오직 자네만 내게 꿈을 도둑맞지 않았구먼."

나는 인문독서를 통해 변화에 대처하는 능력과 공감하고 연대하는 힘을 기르려면 독서와 글쓰기를 좋아하고 그것을 평생 친구로 삼을 수 있을 정도의 습관을 확립해야 한다고 생각한다. 무작정 인문고전을 많이 읽는다고 인문학적 소양과 사고력을 기를 수 있는 것은 아니다. 중요한 것은 독서가 끝난 후에 하는 글로 정리하는 습관이다. 경험이든 책이든 그 자체로 끝나지 않고 글쓰기를 통해 기록하면서 성찰해야 한다.

7

인문학은 잠재력을 발휘하게 한다

/

사람은 자신이 스스로 설정한 기준에 따라 잠재력을 가지고 성장한다.
— 피터 드러커

나는 인문고전을 읽고 글을 쓰면서 인문학이 자신의 잠재력을 발휘시키며 기술 중심 시대에는 인문학이 더 필요하고 느꼈다. 전 세계의 미디어와 최신 미래 전망서들은 하나같이 일자리의 위기를 경고하며 새로운 시대에 돈이 되는 일자리를 확보하거나 지금의 일자리를 잃지 않으려면 과학기술과 공학, 수학 분야의 교육을 받으라고 말한다.

기술 주도 경제에 진입하면서 일자리 경쟁과 개인 수입에 있어 관련 기술 지식의 유무가 결정적인 기준이 되고 있다. 문과 전공자나 수포자 (수학 포기자)들의 우는 소리가 들리는 듯하다. 유튜브의 CEO 수전 워치츠, 알리바바의 창업자 마윈, 에어비앤비의 설립자 조 게비아, 핀터레스트의 설립자 벤 실버먼, 링크드인의 설립자 리드 호프먼, 페이팔의 공동 설립자인 피터 틸의 공통점은 무엇일까?

바로 인문학 전공자들이라는 사실이다.

나는 지금까지의 우려와는 반대로, 인문학을 공부한 사람이야말로 빠르게 진화하는 경제 상황에서 성공하는 데 꼭 필요한 지식과 기술을 보유하고 있다고 생각한다. 실제로 창의적인 신사업 아이디어를 생각해내고 핵심제품 개발을 추진하는 데 소위 '인문쟁이'들이 중추적인 역할을 하고 있다. 혁신 기업들은 이미 인류학자, 사회학자, 철학자, 심리학자 등의 인문 전공자를 고용하거나 도움을 받고 있다.

우리 삶을 크게 향상시킬 여러 흥미진진한 혁신의 선봉에 유독 인문 전공자들이 많이 서 있는 이유는 무엇일까? 이를 직접 확인하기 위해 수천 개 기업의 설립자들의 경험을 모았다. 그들은 모두, 새로운 기술을 어떻게 활용해야 인류의 삶을 개선할지 예측할 수 있는 통찰력을 갖고 있었다. 그리고 자신에게 통찰력을 부여한 인문학에 성공의 공을 돌리며, 시대를 초월하는 인문학적 질문과 인간의 필요, 욕망에 대한 인문학적 성찰이야말로 기술적 도구 개발과 사용에 반드시 필요한 요소라고 입을 모았다. 개인이든 조직이든 잠재력을 발휘하기 위해서는 끊임없이 부지런히 배워야 한다. 배우고 배워서 지혜를 넓혀야 함을 명심하라.

장자가 말했다.

"사람이 배우지 않으면 재주 없이 하늘에 오르려는 것과 같고 배워서 아는 것이 멀면 상서로운 구름을 헤치고 푸른 하늘을 보며 산에 올라 사해를 바라보는 것과 같다."

훌륭한 학자 아키바는 어느 부잣집의 머슴이었다. 그런데 일하는 중에 주인집 딸과 사랑을 하게 되었다. 이 사실이 발각되어 그 집 주인 딸과 같이 쫓겨나서 결혼을 하였다. 아키바의 부인은 남편의 무식함을 한탄하면서 지금부터라도 배움에 힘쓰기를 권했다. 하지만 아키바는 거절했다.

"내 나이가 이미 마흔이 넘었는데 어찌 배울 수 있겠소?"

그 후 계속 양을 치는 일로 세월을 보내던 중, 어느 날 목이 말라 개울에 가서 엎드려 물을 마시는데 눈앞에 있는 바위를 바라보니 물이 흘러 떨어진 곳이 움푹 파여 있었다. 아키바는 깨달았다.

'아, 물 한 방울은 약하지만 오랜 세월을 두고 흐르니 바위도 뚫을 수 있구나! 나도 오랫동안 꾸준히 노력하고 배우면 되겠구나!'

그 후에 아키바는 열심히 배움에 힘써서 훌륭한 학자가 되었다.

나는 자료, 데이터가 스스로 말하지 않는다고 생각한다. 질문을 하고 산출된 답을 해석하면서 가치가 발현되기 때문이다. 기술은 무결점의 시스템이 아니다. 충분히 편향되거나 왜곡될 수 있다. 따라서 기계와 기술의 결점을 보완하는 데 사람의 분석과 수정이 반드시 필요하다. 나아가 기술을 정교하게 활용하고 의미 있게 적용하는 데도 인간의 도움이 필요하다. 우선적으로 문제를 인식하고 접근하는 '사고'의 힘이 더 중요하다. 그러려면 다양한 생각과 다방면의 전문지식이 필요하다. 인문학이 있어야 하는 이유이자 교육의 역할이 중요한 이유다. 나는 기술만 가르치거나 단기 수요만 좇는 지금의 교육은 위험할 수 있다고 생각한다. 나는 인문고전 같은 책을 읽고 글을 쓰면서 반드시 기술과 함께 인문학이 병행되어야 하며 인문학의 가치가 충분히 인정되어야 한다고 느꼈다. 우리가 직면한 막중한 여러 문제의 해결책을 찾으려면, 첨단 기술뿐만 아니라 인간적 맥락에 대한 근본적 이해가 필요하기 때문이다.

이제는 프로그래밍 지식이 없어도 누구든 웹 사이트를 만들 수 있다. 이러한 기술의 민주화로 기술의 접근성이 커지면서 그 기술을 유의미하게 적용하는 인간의 능력이 더욱 중요해진다. 그 지점에 인문학이 있다. 나는 책을 통해, 기술과 인간 사이에서 균형점을 찾을 수 있도록 교육이 변화해야 한다고 생각한다. 기술과 인문학 사이의 잘못된 이분법 논리를 치우고, 모든 경계에 연결 다리를 놓아야 할 때라고 느낀다. 기술이 좀 더 인류와 지구의 공존을 위해, 여러 문제를 해결하고 좋은 변화를 이끌어내기 위해 개발되려면, 그 중심에 인문학이 탄탄하게 자리잡고 있어야 한다. 질문력과 문제해결력은 다양한 경험과 인문학 교육을 통해 기를 수 있다. 나는 혼합형 학습만이 혁신을 이끌어낼 수 있으므로 우위를 가리려는 의미 없는 논쟁을 그만두고 양쪽 밸런스를 통한 동반자적인 협력을 장려해야 한다고 생각한다. 인간은 기술의 풍요 안에서 가진 도구들을 어떻게 하면 좋은 용도에 쓸 수 있을지 더 큰 질문을 계속해서 던져야 한다. 기술 잠재력이 우리의 안전을 강화하고 지구 전체의 고통을 완화시키며 사회 문제를 해결하게 할 최선의 방법은, 결국 더 창의적인 협업을 적극적으로 조장하는 것이다.

독서와 글쓰기 습관과 기술이 합쳐질 때 비로소 잠재력이 폭발한다. 나는 의지와 창의적 확신이 있다면 누구나 주변의 놀라운 기술을 활용해 세상을 좀 더 살기 좋은 곳으로 만들 수 있음을 깨달았다. 그렇다. 우리 모두에게는 각자의 재능과 잠재력이 있다. 특히 인문학 공감력과 감성이 풍부한 인재들은 기술이 없다고 울지 말았으면 한다. 4차 산업혁명 시대는 어느 때보다 그런 인재들이 필요한 시대니까.

요즘 현대인들은 각자의 재능과 잠재능력을 발휘하기 위해 부지런히 배워야 한다. 특히 인문고전 같은 책을 읽으면서 역사를 알아가는 것은 인간의 본질이다.

기원 후 70년경 예루살렘은 로마군에 의해 함락되었다. 예루살렘 성은 완전히 파괴되고, 성전은 불태워지고, 성 안에 살고 있던 9만 명이 살해당했다. 나머지 사람들은 예루살렘을 떠나야 했던 비극 앞에서 예루살렘 시민들의 지주가 되어준 사람이 랍비 벤 자카이였다. 예루살렘이 함락될 때 벤 자카이는 로마군 사령관을 찾아가서 부탁했다.

"당신의 요구에 순종할 테니 나와 함께 랍비 10명이 기거할 수 있는 방 한 칸만 마련해주시오."

방 한 칸만 파괴하지 말아달라는 그의 제의는 받아들여졌다. 그 후 예루살렘의 모든 집이 불태워 파괴되었지만, 벤 자카이와 랍비 10명이 살고 있는 한 칸만은 남아 있었다. 이 사실을 알고 이스라엘 사람들은 벤 자카이를 '민족의 배신자'라고 비난했다. 그러나 벤 자카이는 아무 말 없이 동료 랍비 10명과 함께 20년 동안 책을 저술했다. 그 책이 바로 『탈무드』이다.

'대는 달라지고, 사람은 죽고, 태어나고, 새 사람이 나타나고, 인류의 문명, 물질의 세계, 집이나 건물, 이런 것이 다 없어지고 파괴될지라도 하나님의 말씀은 영원히 남는다.'

이렇게 생각한 벤 자카이가, 후손에게 전해줄 생각으로 20년 동안 만든 도서가 이스라엘 백성의 교훈집인 『탈무드』인 것이다.

나는 『탈무드』 같은 인문고전을 통해서 배우기를 부지런히 하라는 가르침을 얻었고 잠재력을 이끌어내는 공부를 많이 했다. 배움에 힘쓰고자 지금까지 많은 공부를 했지만 나의 잠재력을 발휘하게 했던 결정적인 책은 인문고전이다. 아무리 좋은 조건을 가지고 태어나도 배우지 않으면 인재가 될 수 없음을 알았다.

『논어』를 통해서도 배우는 습관을 가지게 되었고 열심히 일하는 것과 방대한 독서는 절제와 덕을 확립하게 한다는 사실을 알았다. 배우고 배워야 세상의 보배가 되고 자신의 이름을 드높일 수 있다는 사실도 알았다. 나는 인문고전을 통해 배우는 습관을 확립하면 많은 어려움을 헤쳐나갈 수 있으며 널리 배워야 어디서든 가치 있는 사람이 된다는 유익한 경험을 했다. 그래서 나는 지금과 같은 4차 산업혁명 시대에도 인문학이 각광받을 것이라고 믿는다.

인문학으로 깨닫다 ① 『논어』

1장에 관한 인문학 추천도서는 『논어』이다.

『논어』는 과거부터 지금까지 각광받는 인문고전이다. 옛 선인들의 지혜와 혜안을 통해 삶의 열쇠를 찾을 수 있다. 동서고금을 뛰어넘는 양서, 『논어』를 통해 진정한 행복을 배우고 생명의 소중함을 깨달을 수 있다. 그것 때문에 나는 『논어』를 탐독하고, 사람들이 긍정적이고 진취적이며 능동적인 마인드를 확립하길 바란다. 『논어』는 인간이 갖추어야 할 기본적인 덕목과 마음가짐을 알려주는 인상적인 내용이 많다. 특히 30대는 배움의 축을 자신의 전문 분야에서 인간력의 완성으로 서서히 이동시켜야 할 때이다. 개인적으로 인문학으로 자기계발하기 원하는 30대에게 『논어』를 추천하고 싶다.

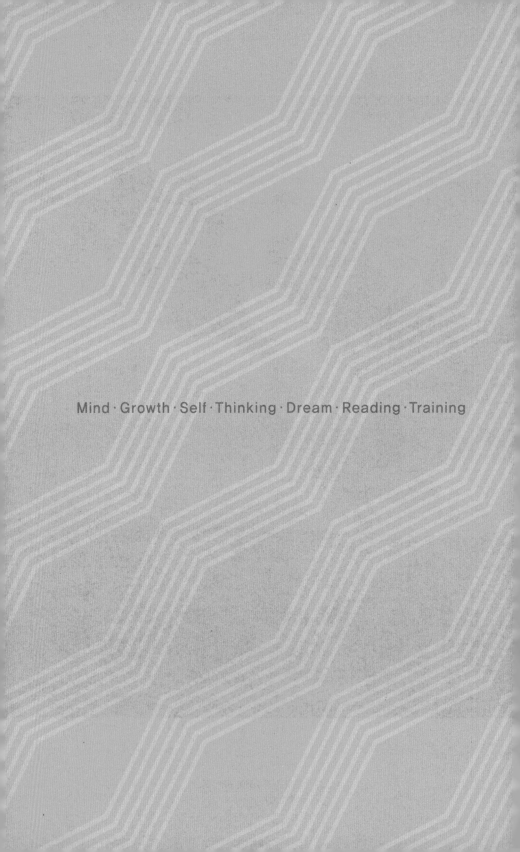

Mind · Growth · Self · Thinking · Dream · Reading · Training

2장

진짜 공부는 주체적인 생각에서 시작된다

Self-improvement through the Humanities

1

주체적인 생각은 왜 중요할까?

/

모든 성취의 시작점은 주체적인 생각과 갈망이다.
– 나폴레온 힐

많은 사람들이 인생의 주인은 나 자신이라고 하지만 최근에 의구심이 든다. 언제부터인가 자기 인생에 대해 주체적인 생각을 갖고 사는 사람을 노력충이라 비하하는 부류가 많아졌다. 물론 사는 게 녹록지 않아 심성이 꼬였으니 이해한다. 실제로 아무리 노력해도 벗어날 수 없는 구조적 문제도 있다. 하지만 그걸로 자기 삶을 변명할 순 없다. 뭔가 잘못되었다면 그건 본인 책임이다. 그게 주인으로서 당연한 마인드 아닌가?

나는 자기 비하와 남 탓, 세상 비판으로 인생을 낭비하는 청춘을 보면 꼭 독서와 글쓰기를 열심히 하라고 추천한다. 노력의 가치를 모르는 사람들은 대부분 인생에서 한 번도 자기 힘으로 뭘 이뤄본 적이 없다. 한 번도 1등을 해본 적 없고 한 번도 박수를 받을 만한 성공을 해본 적 없다. 자기 노력으로 뭔가 성취해본 적이 없으니 노력의 가치를 모른다. 그러니 단 한번만이라도 노력의 힘이 어떤 것인지 체감해볼 필요가 있다. 그게 바로 인문고전, 자기계발서 등의 책을 읽고 글을 쓰는 습관이다.

독서와 글쓰기는 굉장히 정직하다. 인풋만큼 아웃풋이 나온다. 재능이고 뭐고 그냥 꾸준히 오랫동안 실천하면 반드시 한 만큼 성취하는 정직한 작업이다. 심지어 부가가치도 높다. 자신에게 강한 정신이 깃든다. 정신이 튼튼한 사람들은 사고가 긍정적이고 쾌활한 에너지가 넘친다. 주위에 그런 좋은 기운을 퍼뜨린다. 겉보기에도 매력적이다. 그리고 노력의 가치를 스스로 깨닫는다. 나는 그 경험이 매우 중요하다고 생각한다.

주체적인 생각으로 사는 인생은 자신의 선택과 노력에서 기회가 온다고 믿는 삶이다. 그게 자기 의지로 인생을 만드는 사람의 태도다. 일이 안 풀리면 남 탓하기 일쑤인 자존감이 낮은 삶에서는 하나도 이룰 수 없다. 늘 파도에 떠밀려 본인이 어디 있는지도 모르고 허우적댄다. 항상 밖에서 원인과 잘못을 찾는 너절한 마인드로는 비루한 삶을 면치 못한다. 인생에 주인 의식이 있다면 해결책은 반드시 자기 안에서 찾아라. 어떤 경우에도 본인이 바꿀 수 있는 것에만 집중해야 한다. 나는 이것이 인생을 주체적으로 사는 방법이라 생각한다. 최근에는 이 책을 쓰면서 내가 주체적인 생각을 가지고 살고 있는지 돌아보는 시간을 가졌다.

예전에 나는 인문학 도서를 탐독하다가 한 단락이 중요하게 느껴져서 생각하고 정리하는 시간을 가졌다. 그 책을 읽으면서 많은 고민을 했다. 당시 내가 진짜 원하는 삶을 살고 있는지, 아니면 타율성이 조금이라도 섞여 남의 기준에 맞추기 위해 사는 것인지 분간이 가지 않을 때가 있었다. 적어도 우리는 사회에 살고 있으니 타인의 영향 아래 있다는 사실은 인정하지만 나의 간절했던 목표도 부모님과 주변 사람들이 원했던 목표임을 깨달은 순간에는 정말 무서웠다. 그래서 병적으로 스스로 돌아보는 시간을 자주 갖고 메타인지를 발휘해보려 발버둥쳤다. 그러던 중 읽던 책에서 이 문제의 핵심을 찌르는 문장을 발견했다.

다음은 그 문장을 보고 나 스스로 정리한 것이다.

"직장인 생활을 그만둬서 바로 내 삶의 주인이 될 수 있을 거라 생각한다면 정말 큰 착각이다. 평생 추구해야 할 공부의 목표가 없음을 돈의 문제로 환원시키며 자신의 쫓기는 삶을 정당화하는 행동 또한 참으로 비겁하다. 삶의 마지막 순간까지 놓치지 않을 관심의 대상과 목표가 있어야 주체적인 생각을 하면서 인생을 살 수 있다. 우리가 젊어서 했던 남의 돈을 받기 위한 공부는 진짜 공부가 아니다."

나는 독서와 글쓰기를 하면서 많은 고민을 하고 계획을 세웠다. 특히 인문고전은 나를 많은 생각에 잠기게 만들었다. 지금도 인문고전을 처음 접했던 때가 생생하게 떠오른다. 오래전 처음 인문고전을 읽기 시작했을 때 나는 평생 할 공부의 밑그림을 죽음을 기준으로 작성했다. 보통 앞으로 무얼 하며 살아야 할지 고민하거나, 5년 혹은 길어야 10년 계획을 세울 때의 기준은 '지금'이다. 하고자 했던 일이 끝나고 세운 계획의 막바지에 이르면 항상 다음의 목표는 상실하게 된다. 그때 가서 또 다음에 무엇을 할지 생각하게 된다. 세운 계획은 딱 그 기간만큼 상정해놓고 만들었기 때문이다. 10년 혹은 더 긴 계획을 세워도 그 기간이 끝나면 다음에 무엇을 할지 모르는 것은 매한가지였다.

고맙게도, 인문학적 사유는 내가 계획을 세울 때 그것에 대해서 구체적인 사고를 하게 만들었다. 다른 말로는 메타인지를 갖게 해줬다. 그래서 그 계획이 왜 내게 필요하고, 그게 내 인생과 정체성에 어떤 의미를 부여하고, 그것이 끝났을 때 내가 어떤 감정을 느끼고, 다음엔 무엇을 해야 할지에 대해 파악하게 만들었다. '전체'의 기준으로 사고하고 행동하다 보면 한 가지 사실에 다가가게 된다. 나는 인생의 모든 계획은(아무리 사소해도) 죽음을 기준으로 세워야 자연스럽다는 사실을 깨달았다.

왜 그럴까? 앞서 말했듯이 지금을 기준으로 계획을 세우면 그것이 달성되었을 때 필연적으로 다음의 계획에 대해 생각해야만 한다. 다음 계획을 세우지 않으면 '방황' 혹은 '휴식'을 하게 된다. 그런데 죽음의 순간에 내가 어떤 존재로 기억되고 싶은지, 세상에 어떤 기여를 한 사람으로 남고 싶은지, 가족과 친구, 주변 사람들에게 어떤 사람이고 싶은지, 궁극적으로 어떤 종류의 즐거움을 추구하고 싶은지 등 마지막에 대해 정의해 놓으면 폭포수처럼 거꾸로 거슬러 생각할 수 있다. 이렇게 해놓으면 하나의 계획 혹은 목표를 달성했을 때 다음 목표를 세우기 위해 방황하거나 걱정하지 않아도 된다.

위에서 언급한 내용을 예로 들면, 가족과 친구, 주변 사람들에게 어떤 사람으로 기억되고 싶은지를 정의함은 나의 인간적인 면에 대한 정의다. 그 어떤 사람이 되기 위해 오늘 가족과 주변 사람들에게 어떻게 대해야 할지 대충의 밑그림이 그려지고 이것을 바탕으로 짧고 긴 인간적 면모에 관한 계획을 세울 수 있다. 이 계획을 이루는 중간중간에 데일 카네기의 『인간관계론』을 읽어야 할 수도 있고 오늘 당장 친구를 어떻게 대하고 어떤 감정과 마음을 전달할지에 대해서도 미리 생각해볼 수 있다.

한 가지 사례를 들어보자. 세상에 작더라도 어떤 기여를 한 사람으로 남고 싶은지에 대해 정의한다면 그것은 아마 본인이나 선배, 지인, 동료, 친구의 커리어(career)에 관해 정의하는 일이다.

한 선배는 이 질문에 대한 답을 '대단하지 않더라도 사람들이 재미를 느끼거나 기존에 느꼈던 불편함을 편리함으로 바꾸고자 노력했던 사람으로 남으리라.'고 정의했다. 그 선배는 인생 전체에 걸친 목표에 다다르기 위한 수단으로 프로그래밍을 선택했다. 중요한 점은 선배가 지금까지 열몇 개의 계획을 세우고 실천했지만 한번도 방황한 경우는 없었다는 것이다. 물론 인생 굴곡의 높낮이, 즉 원하는 목표를 달성하고 못 하고의 차이는 존재했지만 그 방향성 자체에는 틀어짐이 없었다.

이처럼 인생을 살고, 이에 대한 계획의 본질에는 마지막에 대해 정의하는 것이 포함되어 있다. 한 가지 중요한 점은 죽음을 기준으로 한 마지막 목표는 구체적일 수밖에 없다는 사실이다. 예를 들어, 200억 정도의 재산을 가진 부자로 살다 가고 싶다고 마지막을 정의하면 필연적으로 그걸 계획한 현재에는 그 수치에 따라 움직이게 되고 부서지기도 쉽다. 가령, 지금 스무 살이지만 70년 후쯤 죽을 테니 200억을 그 나이에 맞춰 나눠 계산하면 현재 얼마를 벌어야 하는지에 대한 답이 나오는데 그것이 타산에 맞지 않으면 불가피하게 계획을 수정해야 한다. 그리고 삶은 불확실성의 연속이므로 자신이 70년 후에 죽을지, 내일 죽을지 알 길이 없어 계획은 무너지기 쉽다.

계획을 구체적으로 세우고 실천하면 목표를 이루기 위한 수많은 하위 계획이 생기고 중간중간에 어떤 일이 일어나는 변수가 생기더라도 쉽게 하위 계획들을 조정해서 마지막 계획을 유지할 수 있다.

　다시 앞서 말한 인문학 도서에서 발췌한 글로 돌아와, 이 부분을 읽으며 위의 생각들이 떠올랐다. 마지막에 대해 생각하지 못한 사람들은 현재에 함몰되어 살기 때문에 현재 자신의 삶이 이렇게 된 원인을 파악하기 어렵고 더 나은 상태로 도약하기 위한 다음 행동을 꾀하기도 어렵다. 비유하자면 근시안적이라고 할 수 있고 그런 시야를 갖고 있기에 현실에서 도피해도 주체적인 생각을 하면서 살기 어렵다. 삶의 마지막 순간까지 놓치지 않을 관심의 대상과 목표가 있어야 주체적인 생각을 하면서 살 수 있다는 말에 매우 공감한다. 결론적으로 주체적인 생각은 끊임없는 의지와 열정에 불을 지핀다. 나는 주체적인 생각을 바탕으로 누구보다 열정적으로 독서하고 글을 써서 지금 작가가 되었다. 주체적인 생각은 장기적인 인생 목표를 이루는 든든한 밑천이다.

2

스스로 하는 생각이 바로 미래다

/

주체적인 생각으로 성공을 만들어내라.
주체적인 생각은 성공으로 가는 가장 확실한 디딤돌이다.
- 데일 카네기

주체적인 생각이 미래인 이유는 무엇일까? 나는 많은 사람들이 주체적으로 사는 세상을 꿈꾼다. 우리나라는 한 가지 방향으로 나아가는 큰 흐름이 있다. 큰 흐름에 맞는 사람이 있고, 맞지 않는 사람도 있다고 할 때 우리는 그 길을 선택하지 못하고 너무 큰 흐름이다 보니 거기에 따라간다는 생각이 든다.

현대인들이 조금 더 자신의 존재에 대해 고민하면서 본인이 어떻게 살아갈지 결정했으면 좋겠다. 창업해서 큰 부자가 되기보다 각자가 중요하게 생각하는 목표, 지니고 있는 능력과 생각을 마음껏 발휘할 수 있는 세상이 와야 한다고 믿는다.

실제로 대학교 후배는 주체적인 삶을 위해 내딛은 발걸음이 세상을 좋게 변화시킬 수 있을 거라 믿으며 이를 이루어나가기 위해 하나씩 실천해나가는 개발자다. 그 후배는 나처럼 글을 쓰지 않지만 인문고전 등의 책을 탐독하는 습관이 나와 비슷해서 오랫동안 친했다. 같이 독서 토론을 한 적도 꽤 많았다. 그는 재학생 시절에 제주도에 간 적이 있다. 당시 팀을 이루고 있던 그 프로젝트 친구들이 제주도에 가야 한다며 강력히 이야기했고, 그는 친구들과 함께 제주도로 갔다.

그 후배는 친구마다 프로젝트 팀을 어떻게 생각하는지는 다르겠지만 자신에게는 사람, 인문고전 독서 2가지가 정말 중요한 부분을 차지했다고 답했다. 제주도에 내려간 가장 큰 계기도 다양한 사람과 인문고전 독서 덕분이었다고 말했다.

그는 당시 팀을 이루었던 친구들과 많은 이야기를 나누며 의견 조율을 하는 과정을 통해 많은 걸 배울 수 있었다. 그 후로도 그는 바쁜 일과를 소화하면서 끊임없이 인문학 도서를 탐독했다. 그리고 아이러니하지만 그 팀원들과 다른 길을 가고 있다. 그가 프로젝트를 기획하는 과정에서 사람마다 생각하는 방식이 다르다 보니 조율하는 데 여러 가지 마찰도 있었고 다툼도 있었다. 그는 마찰과 다툼을 각자가 원하는 방식이 있다는 사실을 깨닫는 과정으로 여겼다. 오랫동안 읽었던 인문고전도 그에게 비슷한 가르침을 줬다. 그는 이제 그 당시 팀원들의 좋은 동료로 서로의 길을 응원하고 필요한 부분이 있으면 도우며 이야기를 나눈다. 그때의 친구들로 인해 제주까지 올 수 있었고 자신이 하고 싶은 목표들을 하나하나 실현할 수 있었다고 답했다. 지금은 또 다른 친구와 팀을 이루어서 그들이 생각하는 미래와 사회를 만들기 위해 작은 목표부터 해나가고 있는 상태다.

그 후배는 나와 대화하면서 만약 본인이 서울에서 시도했다면 사람들을 만날 때 모두 수직적인 구조로 생각했을 거라고 말했다. 상대방을 나보다 아래에 있고 내가 가르쳐야 할 대상으로 보는 것이다. 그러나 제주에서 프로젝트 팀원들과 같이 성장하면서 신뢰하며 서로 부족한 부분을 채워나갈 수 있는 환경과 친구들을 만나는 유익한 경험을 했다.

그는 이렇게 활동하면서 많은 것들을 배웠다. 그와 나는 대학에서 기계공학을 전공하면서 보수적인 부분들로 인해 회의를 느꼈던 적이 있다. 그래서 창업을 해야 할지, 무엇을 해야 할지 고민하던 시점에서 그는 오픈 컬리지에서 진행한 '소셜 소프트웨어 개발자'라는 과정에 참여했고, 우연히 커리어를 전환하는 길을 걸었다. 또한 그는 인문고전을 매일 끊임없이 탐독했고 일상생활에서 실천하기 위해 노력했다. 그 과정들이 연결되어 각종 프로젝트에도 참여해 계속 다양한 지식을 채워가며 삶의 지혜를 발견했다.

후배는 전공(기계공학) 기술과 인문고전을 읽으면서 배운 지식재산이 융합되면서 본인에게 큰 힘이 되었다고 고백했다. 그리고 다양한 프로젝트를 추진하면서 만난 사람들도 자신에게 큰 자산이었다고 답했다. 다양성, 다시 말해 사람이 다양하다는 점을 알게 되면서 각자가 중요하다는 생각이 본인에게 깊이 파고들었고, 각자의 강점이나 장점들을 발휘할 수 있는 휴먼브랜드에 관심을 가지게 되었다. 그는 어느 학기에 휴머니즘 프로젝트를 만들어 친구들과 함께 죽음, 사랑, 인간이란 무엇인가 등 다양한 주제로 이야기했다. 이 과정에서 그는 사람의 생각은 자신의 틀에 지금의 상황을 투영해서 인식하기 때문에 사람마다 다르다는 점을 깨닫기도 했다.

나는 주체적인 생각이 자신의 목표들을 알게 한다고 생각한다. 그런 생각이 끊임없이 일, 공부, 자기계발을 하게 만든다. 그런 과정들이 본인이 앞으로 겪을 어려움을 최소화하면서 발견하는 즐거움을 생산적으로 구현할 수 있음을 깨달았다. 예를 들어 기술자가 주체적인 생각을 가지면 자신의 목표가 모바일 애플리케이션 개발이나 친환경 기계나 기구 개발이 될 수도 있고, 기업인이라면 미래에 본인의 사업체를 발전시켜서 운영할 수 있다. 자신이 그 일을 공적으로 한다고 생각할 때 흥분되고 설렐 것이다.

그래서 이런 세상을 만들기 위해 나는 무엇을 할 수 있을까? 아직은 특별히 내세울 게 없기 때문이 끊임없이 일, 공부, 자기계발에 몰두하고 있다. 내가 얻은 지식재산으로 사람들이 주체적으로 살아가고 또 그러한 힌트를 얻는 세상을 만들고 싶다.

주체적인 생각을 하는 삶이 중요한 이유가 또 있다. 다음의 어느 부자가 제시한 사례를 보자.

부자들은 주체적으로 생각하고 결정한다. 주식으로 항상 돈을 잃는 사람들은 남을 따라 몰려드는 개미일 가능성이 많으며 사업에서 항상 실패하는 사람들은 남들이 성공한 사업, 종목을 그대로 따라서 하는 미투 전략의 초보 장사꾼일 가능성이 많다. 부자들은 남을 따라서 하는 경우가 거의 없다.

부자들은 남을 따라 한다고 할지라도 언제나 자신만의 타당한 이유를 가지고 한다. 새로운 트렌드로 사람들이 몰려갈 동안에 부자들은 자신이 옳다고 생각하는 원칙에 충실하거나 남들이 몰리지 않는 새로운 분야를 독자적으로 개척해나간다.

스스로의 확실한 판단과 근거를 가지고 투자해야 한다. 그렇게 해야 불확실성을 줄이면서도 자신의 실력으로 미래를 좌우할 수 있다. 그것이 바로 부자가 되는 길이다. 다른 사람의 설득으로 돈을 투자하고 그것이 성공하길 기도하는 사람들에겐 부자가 될 기회는 없다.

나는 과거에 남의 말에 잘 휘둘리는 성향이 있었다. 하지만 배움에 눈을 뜨면서 주체적인 생각과 행동을 확립했고 그동안 가지고 있었던 문제점을 개선할 수 있었다. 지금은 작가로서 내가 추구하는 삶을 살고 있다. 주체적인 생각이 평범한 직장인의 미래도 바꾼다. 많은 직장인들이 자신의 업무를 노동이라고 생각하면서 시간을 축내고 급여만 기다린다. 나는 직장인들이 그들의 업무를 본인의 사업이라고 생각할 필요가 있다고 느낀다. 자신이 맡은 일을 본인의 사업이라고 생각하면 판단이 조금 더 명료해지고 업무에도 더 애착이 가기 때문이다. 그렇게 되면 더 이득을 낼 방법을 고민한다. 그러면 회사에서도 그 사람을 놓지 않고 대우를 해준다. 그때부터 직장생활을 선순환이 시작된다.

우리는 항상 주체적인 생각으로 스스로의 미래를 다양하게 그려야 한다. 만약에 직장에서 일을 하고 있는 모습 이외에 다른 것이 생각나지 않는다면 심각하게 생각해야 한다. 우리는 우리에게 필요하고 하고 싶은 것을 발견하고 끊임없이 자신을 발전시켜야 한다. 그렇지 않으면 지금 하고 있는 일만 평생 해야 한다.

우리가 온전한 사람으로 제 역할을 수행하려면 스스로 생각하는 능력을 길러야 한다. 처음에는 실수할 수도 있지만 그 과정에서 나 자신의 역량이 향상되기 때문이다. 나중에는 실수를 거의 하지 않으면서 많은 사람들이 만족할 만한 결과물을 내놓을 수 있다.

21세기는 상생과 공생의 시대이다. 한편으로는 극도의 긴장감 속에서 서로의 능력을 겨뤄야 하는 경쟁의 시대이기도 하다. 현대인들은 주체적인 사고로 스스로 자립할 수 있는 능력을 키워야 한다. 주체적인 사고의 확립은 개인과 조직에도 장기적으로 유익하다. 앞서 이야기했지만 주체적인 생각과 사고는 인문고전과 같은 책을 탐독하고 글을 쓰는 습관을 통해 충분히 기를 수 있다.

3

목적이 분명한 공부는 배신하지 않는다

/

목적 없는 공부는 기억에 해가 될 뿐이며
머릿속에 들어온 어떠한 지식재산도 간직하지 못한다.
– 레오나르도 다 빈치

나는 꿈과 목표가 있는 공부는 자신을 배신하지 않는다고 생각한다. 그동안 국내에서 입시경쟁이 치열했다. 그 교육열이 뜨거운 분위기를 타고 공부를 잘하는 천재들의 성공담을 다룬 서적들이 끊임없이 쏟아져 나오는 느낌을 받았다. 특히 1990년대부터 변호사가 된 장승수 씨가 쓴『공부가 가장 쉬웠어요』를 필두로 다양한 천재의 입시 성공담이나 공부 잘하는 노하우를 담은 책들은 늘 서점에서 상위권 순위를 유지하는 일등 베스트셀러에 속해왔다.

서점에 가보면 지금도 많은 공부의 신이 성공담과 노하우를 자신의 언어로 풀어내고 있음을 알 수 있다.

"교과서 위주로 공부했어요."
"착실하게 예습복습만 해도 공부를 잘할 수 있습니다!"
"원리만 알아도 1등은 떼놓은 당상이에요."

이렇게 원론적이면서도 자기 자랑이 섞인 성공담도 많지만 너무 솔직
하고 담담한 어조여서 얄미워 보이지 않았다.

나는 무턱대고 무작정으로 하는 공부는 당장이라도 그만둬야 한다고
생각한다. 공부의 신들도 스스로 머리가 좋아 공부를 쉽게 할 수 있었던
점은 인정했지만, 그들도 공부가 무조건 쉽고 좋지는 않았다. 공부를 잘
할 수 있었던 원인은 머리가 좋아서도 아니고 엉덩이가 무거워서도 아니
었다. 목적이 있는 공부를 했기 때문이었다. 내가 공부법에 관련된 책에
서 확인했기에 이렇게 주장한다.

나는 언젠가 교보문고 근처에서 "목적이 있는 삶이 인생을 성공으로
이끈다."라는 문구를 본 적이 있다. 공부의 신들이 제시하는 학습 방법은
그것과 같다. 목적이 있는 공부가 쉽고 재미있다. 그것이 공부를 잘할 수
있게 하는 노하우임을 명심해야 한다.

요즘 서점에서 대학생들이 저술한 공부법도 심심찮게 볼 수 있다. 이제 갓 스무 살을 넘긴 똑똑한 청년이 말하는 공부 이야기라고 해서 대학 입시를 앞둔 수험생이나 앞으로 그런 과정을 거칠 중·고등학생만 읽어야 하는 것은 아니다. 그런 책들은 20대 취업준비생이나 직장인들도 필요하다면 탐독해야 한다.

나는 공부법에 관련된 책을 저술한 대학생들은 나이가 어리지만 어려서부터 오랫동안 꾸준히 공부를 많이 한 만큼 논리적이라고 느꼈다. 게다가 그들은 깊이 있는 사고력을 발휘해 차분한 어조로 설득력 있게 공부의 본질과 필요성을 강조한다. 청소년과 수험생은 물론 오랫동안 공부에서 손을 놓은 직장인이 읽으면 당장 공부가 하고 싶어질 만한 동기를 부여한다. 공부에서 마음의 중요성만 강요하지 않는다. 그들은 공부의 신답게 자신의 경험과 노하우를 토대로 뇌가 좋아하는 공부법과 공부가 쉬워지는 비법노트 등을 공개한다.

여기서 나의 사례를 소개한다. 나도 목적이 있으면 공부가 쉽고 재미있음을 경험했다. 그러니까 목적이 없는 공부는 하지 마라. 공부를 위한 공부는 아무 의미가 없다. '공부를 위한 공부'란 당장 필요가 없지만 배워두면 언젠가는 도움이 될 것 같아서 하는 공부다. 나도 지금 당장 배우면 언젠가 유용할 것이라는 확신이 들어서 엑셀 전문가 과정을 배운 적이 있는데 지금은 거의 쓸모가 없다. 전문가 과정이 아니라 기본 과정만 배워도 된다는 사실을 몰라서 한 실수였기 때문에 지금은 후회가 된다. 작가나 강연가인 나에게 엑셀 숙련도는 크게 중요하지 않다는 교훈을 얻었다. 그래서 지금은 철저한 조사를 통해 필요한 공부와 일만 한다.

　나는 요즘도 수많은 학생이 열심히 공부를 한다고 느꼈다. 특히 고등학생들은 아침부터 학교에 가서 보충수업을 듣거나 자율학습으로 하루를 시작하고, 본 수업을 오전부터 오후까지 듣고, 수업이 끝나면 또 보충수업을 듣는다. 여기서 끝이 아니다. 학교에서 실시하는 야간자율학습시간에 공부를 하거나 야간자율학습이 끝나도 자신이 부족한 부분을 보충하기 위해 학원까지 간다. 그리고 집에 가면 밤인데 쉬거나 자지 않고 그날 배운 부분을 복습하거나 학교 및 학원 숙제를 한다. 그러다가 지쳐 피곤하면 그때 잠을 잔다.
　우리나라 대부분의 고등학생이 이런 생활을 3년 동안 한다. 하지만 나는 대부분의 학생은 성적이 조금씩 올랐다가 떨어지기를 반복하고 입시가 본격적으로 시작되는 고3이 되면 성적이 오르기는커녕 계속 떨어지는 현상을 경험한다고 생각한다. 그러다가 한계가 오면 포기하고 대학 원서를 쓸 때도 자신이 원하는 곳에 지원하지 못하거나 아무 대학이나 지원하게 된다. 이것이 대부분의 우리나라 고등학생이 입시 공부를 하는 과정에서 겪게 되는 패턴이다. 아무리 열심히 밤늦게 공부를 해도 성적이 오르기는커녕 내려가는 이유가 무엇일까? 열심히 해도 결과가 나오지 않는다면 도대체 무엇이 문제일까?

이런 현상이 나타나는 데는 여러 가지 이유가 복합적으로 있지만 나는 목적이 없는 공부가 가장 큰 원인이라고 생각한다. 그렇다면 공부를 하는 데 왜 이유와 목적이 중요할까?

첫째, 동기부여다. 이유와 목적이 없으면 최선을 다할 마음이 생기지 않는다. 열심히 하더라도 자신의 능력을 최대한으로 발휘하지 못한다. 하지만 이유와 목적이 명확하면 자신이 이것을 왜 하는지에 대해서 알기 때문에 동기부여가 된다. 이유와 목적이 없을 때보다 더 열심히, 열정적으로 공부할 수 있다. 특히 성적이 잘 안 오르거나 힘들 때 자신이 공부하는 이유와 목적을 돌아보면 다시 일어서서 열심히 공부하는 데 도움이 많이 된다.

둘째, 방향 설정이다. 자신이 왜 공부하는지에 대해서 이유와 목적을 알았다면 자연스런 방향설정이 가능하다. 예를 들면 자신이 외교관이 되기 위해 공부를 한다고 가정을 하자. 그렇다면 이 학생은 외교관이 되기 위해서는 어떤 대학의 어떤 학과를 가야 하는지에 대해 조사를 할 것이고 그것을 찾았다면 그 대학과 학과에서 무엇을 요구하는지에 대해서도 철저하게 조사하고 정리를 할 것이다. 그러면 자신이 어떤 공부를 해야하고 어떤 시험에 더 집중을 해서 준비를 해야 되는지에 대해서 명확하게 알게 된다.

특히 요즘에는 대학도 너무나 많고 한 개의 학과에도 전형이 여러 가지라서 무작정 공부만 열심히 한다고 해서 자신이 원하는 대학을 갈 수 없다. 자신이 가고자 하는 대학과 학과에서 어떠한 것을 요구하는지에 대한 정보를 파악한 후에 이에 맞게 공부를 하고 준비를 해야 원하는 대학에 갈 수 있다.

그런데 적지 않은 학생들이 명확한 이유와 목적이 없는 공부를 한다. 대부분의 학생이 공부를 하는 이유는 크게 2가지이다. 부모님과 선생님이 시켜서, 그리고 주위의 친구들이 다하니까 하는 것이다. 이런 이유는 단기적으로는 공부를 하는 데 동기부여가 되어 눈앞의 성적 향상을 가져올 수 있다. 하지만 시간이 지날수록 효력이 떨어진다. 왜냐하면 그 이유 자체가 그들의 마음에서 우러나오지 않았기 때문이다. 각종 공부법을 책으로 저술한 공부의 신들은 공부하는 이유와 목적이 분명하게 있었다.

나는 싫어하는 일이나 공부를 하면 몰입하는 능력이 저하되고 집중력이 최악이 되는 현상을 경험했다. 과거에 나는 새벽과 아침에 영어 공부를 해서 완벽한 영어 구사 능력을 갖추면 언젠가 쓸모가 있을 거라는 어찌 보면 안일한 생각으로 시작했는데 큰 착각이었다. 명확한 목적의식이 없는 영어 공부를 장기간에 걸쳐서 했지만 영어 공부는 내가 좋아하는 공부가 아니었다. 전력을 다해 영어 공부에 매진했는데 점수도 잘 오르지 않았다. 또한 그 시기에 내가 좋아하는 독서, 글쓰기, 책 쓰기에 매진할 시간이 사라졌다. 이유가 없이 하는 공부와 일은 시간 낭비라는 사실을 깨달았다. 그래서 나한테 필요한 정도의 영어 능력만 조금 습득하고 지금은 새벽과 아침에 독서, 글쓰기, 책 쓰기 등 좋아하는 공부와 자기계발에만 집중하고 있다.

그러므로 공부의 신들이나 삶의 주인은 목적이 있는 공부만 한다. 자기 삶의 주인인 사람은 목적이 있는 공부만 한다는 사실을 어린 시절에 몰랐다. 돌아보면 초·중·고등학교 시절은 기계적으로 공부만 하면서 보냈다. 학교에서 하라는 공부를 하고 부모님 말씀을 잘 들으며 오랜 세월을 보냈다. 23살에 군을 제대하고 생각이 바뀌었고 주체적인 삶, 남들과 다른 인생을 살고 싶었다. 스펙 쌓기에 몰두하는 평범한 대학생들과는 다르게 필요한 공부와 경험만 했다. 그리고 내 인생에서 필요가 없다고 생각되는 공부는 과감히 배제했다. 또한 일도 내가 진정하고 하고 싶은 일만 했다. 결국 지금은 완전히 달라진 삶을 살고 있다. 비록 완벽할 정도로 만족스럽지 않지만 하루가 다르게 진보하는 내 모습을 보면서 뿌듯함을 느낀다.

4

책을 통한 경험에서 얻은 지식이 진짜다

/

오늘의 나를 만든 것은 우리 마을의 작은 도서관이다.
명문대 졸업장과 학위보다 독서와 글쓰기 습관이 더 중요하다.
— 빌 게이츠

책을 통한 경험에서 얻은 지식이 진짜인 이유는 무엇일까? 어떤 사람들은 책을 통한 경험보다 직접적인 체험을 통해 얻는 지식이 진짜라고 주장한다. 어느 쪽이 더 좋고 나쁠까? 책을 통한 경험은 실험실에서 보았을 때 또는 대규모 집단을 관찰했을 때, 무엇이 효과가 있는지 또는 역사적으로 효과가 있었는지를 배운 경험이다.

책을 통한 경험은 실제 세상에서는 잘 이해하기 어려운 패턴을 볼 수 있게 해주기 때문에 아주 유용하다. 수식, 데이터, 자연과학이 그렇다. 직접적인 체험으로 배운 지식은 책에 아직 나와 있지 않거나, 글로 요약하기에는 너무 미묘한 지식들이다. 심리학, 기호학, 사회학, 정치학 안에 숨어 있는 미묘한 세부 요소들이 그렇다.

나는 책을 통한 경험에서 얻은 지식 없이 체험으로 배운 지식만으로는 위험하다고 생각한다. 세상을 움직이는 직관에 반하는 힘을 전혀 알 수 없기 때문이다. 오랫동안 경제 또는 시장이 안정적인 상황이라면 앞으로도 이 힘이 계속될 거라고 말할 수 있다. 실제 세계에서는 맞는 말일 수 있다.

하지만 역사적으로 볼 때, 안정성은 사람들을 자만하게 만들고 그런 자만이 더 많은 위험을 감수하게 이끌어 결국 과도한 위험 감수가 다시 불안정으로 이어지는 경우가 수없이 반복되었다. 그리고 그때가 와도 대부분의 사람은 가만히 있게 된다. 이런 상황을 이해하기 위해서는 차트와 데이터, 자료로 된 거품의 오랜 역사를 배워야 한다.

대니얼 카너먼은 자기 분야의 전공 서적뿐만 아니라 방대한 인문고전, 자기계발서, 실용서 등의 책을 읽고 글을 쓴 학자이다. 그는 사람들이 위험과 손실에 대해 어떻게 생각하는지에 대한 연구를 개척했다. '손실 혐오'(위험과 수익의 크기가 같을 때, 수익으로 인한 기쁨보다 손실로 인한 아픔이 더 크기 때문에, 손실을 회피하는 경향)라는 중요한 발견을 이끌어냈다. 나는 체험으로 배운 지식의 힘은 미약하지만 책을 통한 경험으로 얻은 지식재산과 짝을 이루면 효과가 배가되고 강해진다는 결론을 얻었다.

물론 학자들 중에서 체험으로 배운 지식을 가장 중요하게 여기는 사람도 있다. 레바논 출신의 세계적인 사상가인 나심 탈레브는 이렇게 말한다.

"한 피험자에게 100달러를 잃을 확률이 1%인 경우 얼마를 걸겠느냐고 물어보라. 그는 감수할 현재 및 미래의 모든 다른 재정과 위험을 무시할 수 없다. 그리고 실제 세상에서의 다른 위험도 알아내야 한다. 차가 있어 외부가 긁힐 수 있는지, 투자 포트폴리오가 있어 손실이 발생할 수 있는지, 빵집을 운영하고 있어 화재 위험이 있을 수 있는지, 대학 다니는 자녀가 있어서 학비가 더 들어갈 수 있는지, 직장에서 실직당할 수 있는지 등을 알아내야 한다. 이런 온갖 종류의 위험은 점점 더 많아지고, 그의 반응은 이 모두를 반영한다."

카너먼의 발견이 맞는지 탈레브의 반론이 맞는지 판단하기 어려울 수도 있다. 하지만 카너먼의 발견은 학문적 지식이고, 탈레브의 반론은 실제 세상의 논리라는 판단은 할 수 있다.

"학생은 규칙을 알고 있고, 스승은 그 예외를 알고 있다."라는 말이 있다. 이 말을 빌리자면, 책을 통한 경험에서 얻은 지식은 진실을 알고 있고, 체험을 통해 얻은 지식은 그 뉘앙스를 알고 있다고 볼 수 있다.

나는 사람들이 먼저 규칙을 배우고 난 다음, 사람들이 이 규칙을 어떻게 사용하고 또 남용하는지 관찰하길 바란다. 투자에서 대부분의 비극은 좋고 유용한 규칙들을 너무 심각하게 받아들이기 때문에 일어난다. 오래전에 넷플릭스의 공매도가 효과가 없었던 이유를 도저히 이해하지 못하는 가치 투자자도 있고, 연준의 정책이 하이퍼인플레이션으로 이어지지 않은 것에 대해 어이없어하는 경제학자들도 있었다. 누구도 자신이 틀렸음을 인정하려 들지 않았다.

1998년 롱텀캐피털매니지먼트(LTCM) 관련자들은 자기들이 만든 규칙을 금과옥조처럼 무조건 믿다가 절벽 아래로 떨어지듯이 파산했다. 사람들이 규칙을 어떻게 다루는지 관찰하는 것이 규칙 그 자체보다 더 중요할 수도 있다.

나는 인문고전, 자기계발서, 각종 실용서 등의 책을 읽고 글을 쓰는 습관을 통해 자기 분야 밖을 읽을 줄도 알아야 한다고 생각한다. 투자자도 의약에 대한 책을 읽어야 하고, 군대의 역사에 대한 다큐멘터리를 보아야 하며, 진화에 대해서도 공부해야 한다고 느꼈다. 이런 분야의 특정한 학문적 사실을 모두 완벽하게 알아야 할 필요는 없다. 그런 분야의 지식 재산들을 반드시 사용하라는 말이 아니다. 읽고 생각하는 범위를 넓혀 사람들이 실제 세상과 어떻게 어울려 살아가는지 관찰하라는 말이다. 사람들이 보상에 어떻게 반응하는지, 위험에 대해 어떻게 생각하는지, 뜻밖의 일을 어떻게 다루는지 보라는 말이다.

실제 세상의 일들은 논문, 책에 나온 공식이나 주장으로 정량화하기 어려운 경우가 있다. 하지만 사람들이 실제 세상에서 어떻게 행동하는지는 더 잘 이해할 수 있게 해준다.

오늘날 독서의 필요성과 중요성에 대해 의문을 품는 사람들이 많다. 디지털 정보화 시대라서 책이 아니라 텔레비전, 인터넷 등 다양한 매체를 통해 지식과 정보 습득이 가능해졌기 때문이다. 그러나 오늘날과 같이 각종 정보가 넘쳐나는 세상일수록 독서의 중요성은 더욱 커지고 있다. 체계적으로 정리된 내용을 '읽음'으로써 다른 매체를 통해 보거나 들은 정보를 더 자세히 보충하고 폭넓게 이해할 수 있게 된다.

폭증하는 지식과 정보 중 어떤 것이 정말 나에게 유익하고 필요한지에 대해 판단하기 위해 독서는 필수적이다. 또, 비판적인 검토 과정 없이 다양한 매체에서 제시하는 정보와 주장을 수용하게 되면, 올바른 판단을 내리지 못한 채 매체에 휘둘릴 수도 있다. 결국 독서는 우리가 경험하는 파편화된 지식과 정보를 체계적 · 비판적으로 검토할 수 있는 기회를 준다는 점에서, 여전히 매우 중요한 지적 활동이라 할 수 있다.

한편, 독자는 독서를 통해 저자가 제시하는 인생을 살아가는 지혜를 배울 수도 있다. 저자와 대화를 나누는 과정에서 인생에서 직면하는 여러 문제나 의문을 스스로 해결할 수 있는 힘을 기르고 인간에 대해 더 폭넓게 이해할 수 있게 된다.

독서의 장점은 뭘까? 어린 시절, 나도 독서보다 오감을 통한 직접적인 체험을 중요시했다. 오감을 통한 직접 체험은 생생하다는 장점이 있지만 실행을 하는 데 많은 비용과 시간이 필요했다. 설사 비용과 시간을 감당할 수 있더라도 정보 제공원을 직접 만나기 어려운 경우를 많이 경험했다. 또 직접 체험만 중시해서 오히려 전체 현실에 대해 잘못된 판단을 내리는 실수도 많이 했다.

하지만 20대 초반부터 독서를 하면서 상대적으로 적은 비용과 시간을 들여 많은 양의 정리된 정보를 축적할 수 있었고 정보의 축적 과정을 스스로 통제할 수 있다는 장점을 경험했다. 원한다면 언제든지 같은 책을 다시 볼 수 있고, 필요할 경우 독서를 잠시 중단하고 내용에 대해 좀 더 깊이 고민해볼 수도 있다.

독서의 또 다른 장점 중 하나는 다양한 분야 또는 한 분야 내의 다양한 견해들을 비교하기가 용이하다는 점이다. 다양한 저자의 책을 비교하면서 본인에게 필요한 정보를 선택하거나 종합하고 새로운 통찰을 얻을 수 있다. 또한 직접 체험이나 다른 매체를 통해서만 정보를 습득함으로써 주관적인 생각에 갇히는 현상을 피하게 해준다.

그뿐만 아니라 독서는 전문적인 지식 외에도 폭넓은 교양을 제공하여 자신의 정신세계를 가꾸고 인격의 성장을 하게 만든다. 상대적으로 적은 비용과 노력으로 취미와 오락과 같은 즐거움을 제공하여 삶을 풍요롭게 만들어준다는 장점을 가지고 있다. 여러 가지 설비나 도구가 없더라도 자신이 내키는 대로 언제 어디서나 즐길 수 있기 때문에, 혼자서도 손쉽게 즐거움을 누릴 수 있다.

독서는 사회적 차원의 가치를 지닌다는 점에서도 매우 중요한 활동이다. 먼저, 인류의 지혜를 담고 있는 책은 그 자체로 문명과 문화를 계승, 창조, 발전시키는 수단이 된다. 기록된 유산이 없다면 인류의 지식과 기술은 후대로 전승되기 매우 어렵다.

또한 책은 한 사회의 유대감과 결속력을 강화시키는 수단이다. 사람들은 책을 통해 사회에서 통용되는 언어, 사상, 가치관, 신념, 태도 등을 배울 수 있고, 나아가 자신의 생각을 타인과 공유함으로써 이를 개선하고 발전시킬 수도 있다. 이러한 과정을 통해 직접 만날 수 없는 공동체 구성원들과도 소통할 수 있게 된다.

5

사색은 배운 지식을 내 것으로 만든다

/

아는 것으로 그쳐서는 안 된다. 필히 응용할 줄 알아야 한다.
생각과 마음만을 가져서는 안 된다. 반드시 행동하고 실천해야 한다.
— 레오나르도 다 빈치

어떻게 하면 책이나 정보를 담고 있는 글을 효과적으로 자신의 것으로 만들 수 있을까? 나는 그동안 인문고전 등의 책을 읽고 글을 쓰면서 느꼈던 감정과 생각에 대해 깊이 들여다봤다. 생각해보니 강박에 의해 책을 꾸준히 탐독하지 않았다는 결론을 얻었다. 돌아보면 시작하기 어려울 뿐이지 막상 책을 읽기 시작하면 너무나 빠르고 깊숙이 그 안에 몰입했다. 그렇게 하면 시간이 지나가는 느낌도 들지 않았다.

예전에 가끔은 밤을 새워가면서 탐독한 적도 있다. 책의 분야에 따라 다르겠지만 일단 흥미가 있는 분야라면 거침없이 읽고 행복을 느꼈다. 텍스트를 읽고 정보를 내재화시키는 과정 자체가 즐거웠다. 하지만 독서만으로는 배운 지식을 내 것으로 만드는 데 한계가 있음을 깨달았다. 인간은 망각의 동물이기 때문이다.

그 순간, 나의 독서법을 개선해야 된다는 생각이 들었다. 결국 다양한 독서법에 대한 책을 탐독했다. 나는 책을 읽고 나서도 변화가 미약하다면 그 책을 내 것으로 만들지 않았기 때문이라는 사실을 독서법을 통해 알았다.

배운 지식을 내 것으로 만들고 싶으면 처음에 목차와 장 제목을 주시해야 함을 알았다. 나는 처음에 책에 있는 장 제목과 목차를 무시하고 지식재산을 얻으려 했다. 하지만 각종 공부법과 독서법을 통해서 목차와 장 제목을 미리 보면 내용을 더 잘 파악할 수 있다는 사실을 깨달았다. 우선 전체 목차들을 빠르게 훑어보면서 주제와 구조 중점을 파악하자.

독서를 하면서 나무가 아니라 숲을 먼저 보려면 목차를 봐야 한다. 당신은 새로운 책을 읽을 때 어떻게 읽는가? 긴장감과 함께 읽을 분량을 체크하면서 표지는 생략하고 목차를 보는 둥 마는 둥 하고 바로 본론으로 들어가지 않는가? 나는 독서 목표를 세우면서 열심히 읽을 때도 오랫동안 목차와 표지, 장 제목에는 관심이 없었다. 약 250쪽 정도의 책을 탐독해야 하기 때문에 다른 부수적인 내용은 생략하고 바로 본론으로 들어갔다. 독서량은 방대했지만 읽는 방법에 대한 진지한 고민이 전혀 없었다. 무조건 다 읽어내야 한다는 강박증이 앞섰다.

하지만 이런 방법으로는 지친다는 사실을 뒤늦게 알았다. 오로지 그 방법만으로는 진정한 독서의 목적을 간과하는 행동임을 나중에 깨달았다. 나는 진정한 독서의 목적을 놓치고 숲보다 나무를 보는 행동을 계속했다. 자신이 책을 읽는 목적이 무엇인지 생각해봐야 한다. 독서를 하는 목적이 무엇인가? 한 권의 책에도 자신이 기대하는 마음이 있다. 목적을 잊지 않으면 적절한 방법을 스스로 찾아서 쓰게 된다. 사람마다, 책마다, 장르마다 읽는 목적이 다 다르다.

특히 장르를 보자면 시집이나 소설은 자기계발서를 읽을 때와는 읽는 방법이 달라야 한다. 문학서를 읽듯이 자기계발서를 읽으면 그만큼 지루해지고 피곤해진다. 문학서를 읽는데 마음이 가는 글만 읽으면 전체의 흐름을 잡지 못할 수도 있다. 독서하는 목적을 잃으면 다른 데에 비중을 둘 수도 있다. 처음부터 끝까지 꼼꼼하게 읽어야 한다고 읽는 것 자체에 비중을 두게 된다. 끝까지 읽는 것보다 읽는 목적을 분명하게 달성해야 된다. 끝까지 읽지 못하더라도 자신이 원하는 보배를 한 가지라도 얻어라. 원하는 정보와 지식, 깨달음을 가져라.

그렇게 독서를 통해 세상살이에 대해 조금이라도 도움을 얻고 행복한 인생을 살아야 하지 않을까? 자신이 관심을 가지고 읽는 책으로 진정한 독서를 하기 위해서는 무조건 들이대고 읽지 말아야 한다. 일단 책과 얼굴을 트면서 가볍게 접근하는 태도가 필요하다. 그렇게 조금이라도 친해지고 본격적인 책 읽기에 들어가라. 친해지면 작가의 성향을 알게 된다. 작가의 문체가 느껴지면서 말하고 싶은 의도와 핵심 내용을 파악하기가 쉬워진다. 그리고 전반적인 흐름과 분위기를 알고 본인이 필요로 하는 부분을 빨리 파악할 수 있다. 이렇게 가벼운 접근이 의외로 큰 수확을 가져온다. 가벼운 접근이 있는 독서 습관은 마음가짐을 달라지게 한다. 쉽게 말해서 부담이 줄어든다.

그렇다면 어떻게 해야 책과 친해질 수 있을까? 간단하다. 그 책에 대해서 조금이라도 더 알면 된다. 모르면 아예 관심이 없어진다. 친해질 수 없다. 조금 더 힘들지 않으면서 자연스러운 방법이 있다. 그것은 사람을 사귈 때를 생각해보면 보다 쉬운 방법을 찾을 수 있다. 사람을 대하듯 한 권의 책을 대하라. 한 권의 책을 알기 위한 방법은 새로운 사람을 만나서 알아가는 과정과 같다. 다른 사람과 친해지듯이 책을 알고 친해질 수 있는 부분은 바로 목차다. 목차는 보통 한 권에 30-40개 정도로 구성되어 있다.

목차로 전체를 보고 마음이 가는 부분부터 읽어라. 목차는 전체 구조와 흐름뿐만 아니라 핵심, 키워드 등 전반적인 내용을 알게 해준다. 목차를 보면 특히 자신이 간절하게 읽고 싶은 부분이 눈에 띌 수도 있다. 한 번을 읽고 모르겠으면 목차를 다시 한 번 읽어라. 그것도 노하우다. 분명히 책마다 자신이 빨리 읽고 싶은 1-2개의 목차가 있다. 나도 독서를 하는 초창기에는 목차를 다 무시했다. 그때는 왠지 시간이 아깝다는 생각이 들었다. 어차피 처음부터 끝까지 읽기 때문에 목차에 소중한 시간을 빼앗기기 싫었다. 목차가 쉽게 눈에 들어오지 않았다. 목차에 대한 중요성을 인지하지 못해서 그랬다. 돌이켜 생각해보니 목차를 건성으로 넘겼기 때문에 독서에 대한 부담감을 줄일 수 없었다. 목차에서 마음이 가는 부분을 찾아야 나의 수준에 맞게 책을 잘 읽을 수 있다.

나는 책에서 배운 지식들은 바로 실천해야 한다고 생각한다. 무엇이든지 이론적으로 배운 지식을 머리로만 가지고 있으면 결국 퇴화되고 그 지식도 사장되기 마련이다. 뭔가를 배웠다면 실전적으로 바로 활용해보면서 지식을 구체화시키고 시행착오 과정도 거쳐야 한다. 그렇게 해야 그 지식을 온전히 자신의 능력으로 만들 수 있다. 뭔가를 현재 많이 배워나가고 있으면 이것을 꾸준히 지속적으로 실천할 수 있는 방안을 마련해야 한다.

책을 보고 실천하는 소소한 습관이 성과를 낸다. 왜냐하면 제대로 실천하는 독서가 나를 성장시키기 때문이다. '다른 삶을 살고 싶다면 독서를 하라.'는 말을 많이 들었지만 독서만 해서는 엄청나고 급격한 변화를 기대하기 어렵다. 나는 '독서가 어떻게 사람을 변하게 하지?'라는 생각을 많이 했다. 책을 읽었지만 독서도 결국 남에게 보이기 위함이라는 사실을 알았다. 누가 책 이야기를 할 때 자존심을 세우기 위한 책 읽기였다.

나는 베스트셀러였던 인문고전, 자기계발서, 실용서 위주로 읽었고, 권수를 늘이는 데 집착했다. 내 삶을 변화시켜야 한다는 생각은 했지만 무엇을 어떻게 해야 하는지 막막했던 적도 있다. 이 정도 열심히 살아왔으면 인생은 걱정하지 않아도 된다고 생각했다. 하지만 내가 살아온 삶은 새로운 변화가 없으면 안 된다는 현실을 알았고, 원초적 질문부터 생각해보게 되었다. '내가 태어난 이유는 무엇일까?' 내가 살아가는 이유를 표현할 수 없었다. 내 인생의 변화가 필요한 시점에 독서를 미친 듯이 했다.

그렇게 읽기 시작하고도 한참 후에야 비로소 지금까지의 독서하는 방법이 미흡했다는 점을 알았다. 제대로 된 독서를 하고 싶었고, 각종 독서법에 관련된 베스트셀러를 탐독했다. 책을 읽을수록 재미가 있었다. 나는 독서를 통해 많은 위인들과 성공자들을 만났다.

책에는 많은 사람들의 성공 사례와 실패의 경험들이 기록되어 있다. 예전의 나는 제대로 된 독서법을 모르는 상태에서 강박적으로 독서를 했기 때문에 성장의 한계에 부딪혔다. 성장할 수 있었지만 속도가 더디고 미흡한 부분이 있었다. 하지만 각종 독서법에 대한 책을 탐독하고 실천하면서 급격한 성장과 변화를 이루었다. 저자의 관점을 볼 줄 알고, 깨닫고, 적용하고 실천했다.

『독서천재가 된 홍 팀장』에 "더 중요한 것은 생각을 행동으로 옮기는 '실천'이었다."라고 나온다. '책을 읽고 변화하는 주체는 자기 자신이다.' 제대로 된 독서법을 모르면 아무리 독서를 많이 해도 성장이 더디다. 책을 읽고 내 삶에 변화가 느리다면 독서하는 방법을 돌아보고 바꾸어야 한다. 읽고 내 생활에 적용되는 독서를 하자.

책에서 배운 지식재산들을 글로 정리하는 습관은 굉장히 중요하다. 다시 말하지만 책을 보면서 지식을 얻어도 변화가 더디거나 미흡한 경우는 내 것으로 만들지 않았기 때문이다. 책에서 배운 내용을 글로 정리하는 과정은 특히 중요한데 기록을 하면서 생각이 정리가 된다. 나도 작년 10월부터 독서를 할 때마다 서론, 본론, 결론 형식의 서평을 쓰는데 예전보다 변화와 성장이 더 빨라짐을 경험했다. 서평을 쓰면 자신이 읽었던 책의 내용을 되새길 수 있기 때문에 느낀 점을 명확히 할 수 있다. 자신의 생각을 정리하면서 기록하기 때문에 그 감정이 더 구체적이고 오래 지속되며 잘 잊히지 않는다. 무엇보다 자신이 기록의 행위를 하는 데 보람도 느낀다. 생각과 느낌을 정리하기 위한 능력을 기르기 위함도 있다.

자신의 생각을 입 밖으로 내보라고 하면 말이 꼬이는 경우가 많다. 이런 부분을 독서와 글쓰기를 오랫동안 실천하면서 개선할 수 있다. 생각을 정리할 수 있는 훈련을 하기 때문에 사회적 의사소통에도 많은 도움이 된다. 또한 서평을 통해 기록함으로써 읽은 책의 내용을 쉽게 잊지 않고 오래 기억할 수 있다. 표현력도 방대해지고 자신의 주장을 좀 더 확실하게 표현할 수 있다. 또한 자아성찰을 하면서 자신을 돌아보는 기회도 얻는다. 직장인은 서류를 작성할 때 주제와 논점을 정확하게 할 수 있는 능력이 생긴다.

6

인문지식으로 마음을 읽을 수 있다

/

인문 정신은 세상과 상대를 이해하고 사랑하는 마음이다.
– 김종원(작가)

인문고전에서 나오는 지식으로 어떻게 상대의 마음을 읽을까? 나는 인문고전에 상대의 마음을 사로잡는 여러 가지 계책이 담겨 있다는 생각이 들었다. 이것이 요즘 많은 개인과 조직이 인문학에 열광하는 이유라고 느낀다. 특히 조직에서 인문학은 도구다. 전 세계 기업의 회장들 중에서 인문학에 꽂힌 사람들이 많다. 인문학의 조찬 강연에 몇 차례 정도 나가더니 인문고전의 매력에 빠진 분도 있다. 그제야 경영이 뭔지, 경영을 어떻게 해야 하는지 깨달았다고 답했다.

세상의 모든 것이 인문학이다. 세상은 모두 사람이고 사람에 관한 이야기가 인문학이기 때문이다. 과거에 인문학은 찬밥이었다. 속도로 경쟁하는 시대에 인문학은 거추장스러웠고 효율 맹신주의 앞에서 인문학은 너무 한가했다. 기본적으로 돈을 만들어야 하는 기업 집단에서 인문학은 돈이 되지 않는다는 의견이 팽배했다. 나도 처음에 책을 접할 때는 그런 생각이 들었다. 무엇보다도 나는 돈이 지배하는 현대의 물질 만능주의의 시대에 위배되는 학문이라고 여겼다. 인문학적 사고는 인간의 얼굴이 없는 시장 논리에 대한 도전이었다. 하지만 나는 언제부터인가 인문학이 각광받는다고 느꼈다. 인문학을 불온하고 쓸모없는 학문이라 여겼던 그 이유가 인문학의 가치를 드높이고 있다. 현대의 경영학만으로 어려운 문제를 인문학이 보완해주기 때문이다.

현대는 혼돈의 시대이다. 이런 시대에 더 이상 전통적인 경영학 기법만 고집하기에는 성장의 한계가 있다. 속도, 효율, 시장논리, 물신주의가 한계를 드러내고 있다. 새로운 상상력이 필요하다. 그 원천으로서 인문학이 주목받는다. 나는 인문학이 통찰하게 한다고 생각한다. 경영학적 시각으로는 예측 불가능한 패러다임의 변화를 읽게 하기 때문이다. 이면을 꿰뚫어보고 발상을 전환하는 영감을 준다. 관계가 없는 것들에서 관계성을 찾아준다. 널려 있는 사안을 유기적이고 통합적으로 볼 수 있는 안목을 길러준다. 인문학이 타인을 사랑하게 한다고 생각한다. 사람을 이해하게 만들기 때문이다. 서로 다른 삶의 가치를 인정하고 그 안에서 공감대를 만든다. 나누고 베푸는 삶의 효용을 가르쳐준다. 바로 리더십이 자라는 것이다. 또한 사람이 사람다워진다. 인문학은 혁신하게 한다. 나는 인문고전을 읽으면서 생각의 관성에서 벗어났다. 기존의 것을 새로운 맥락이나 관점을 달리해서 보게 한다. 흔히 기업에서 쓰이는 경영 원리와는 다른 각도에서 보게 한다. 무엇보다 사람을 보게 한다. 사람에게서 혁신의 실마리를 찾는다.

지금도 미국 실리콘밸리의 많은 개발자들이 이구동성으로 외친다.

"기술은 기술 그 자체로 존재하지 않는다. 인문학이, 사람이 이용하기 쉽고 재미있어야 한다는 가르침을 준다."

실리콘밸리의 연구원, 기술자, 경영자들은 인문학이 당장 돈도 된다고 생각한다. 모든 제품, 상품, 서비스가 콘텐츠로 포장이 되어야 잘 팔리기 때문이다. 고객들은 제품, 상품, 서비스의 효율만으로 구매하지 않는다. 인문학은 콘텐츠의 보고다. 역사, 철학, 문학, 예술, 심리 등이 상품 포장의 소재가 되고 있다.

지금 많은 글로벌 기업의 리더들이 인문학에서 길을 찾았다. 인문학을 자본에 종속시키고 생산성 향상의 도구로 활용할 가능성을 발견했다. 그것이 현대의 리더들이 인문학에 꽂힌 이유다.

연매출 1조를 돌파한 한국 콜마의 성공 비결은 인문학 경영이다. 국내 대표 화장품·제약 ODM(제조자개발생산) 기업 한국콜마를 이끄는 윤동한 회장은 독서를 통한 인문학적 지혜를 기업 경영의 핵심 전략으로 꼽는다. 윤 회장은 자신이 쓴 『인문학이 경영 안으로 들어왔다』에서 "사회생활을 하면서 시작한 공부는 삶의 태도, 사람을 대하는 자세 등 인생의 방향에 영향을 미치는 훨씬 광범위하고 적극적인 공부"라며 인문학 공부의 필요성을 강조했다. 한국 콜마 임직원은 누구나 1년에 6권 이상의 책을 읽고 독후감을 제출해야 한다. 올해 4월까지 회사에 등록된 독후감은 24,819건에 달한다.

윤 회장은 책을 읽고 독후감을 쓰다 보면 생각의 창이 날카로워져 업무에 도움이 된다며 "깊이 있게, 남이 생각하지 못한 질문을 던지면서 문제를 해결할 수도 있다."라고 말했다.

한국 콜마는 임직원들을 대상으로 천자문 쓰기, 인문학 특강, 역사 필독서 탐독 등을 통해 인문학 교육을 하고 있다. 신입사원을 채용하거나 인사 평가를 할 때도 인문학을 하나의 평가 기준으로 삼고 있다. 역사와 철학 공부를 하게 되면 제3의 눈으로 시간과 공간을 바라볼 수 있게 된다는 것이 윤 회장의 지론이다. 제3의 눈이란 일상의 것을 낯설게 보는 눈인데, 협력사와 협상을 벌이거나 동료와 머리를 맞대고 아이디어를 짜낼 때도 꼭 필요한 능력이다.

윤 회장은 예를 들어 소비자가 원하는 건 블러셔나 아이섀도가 아닌 발색력이고, 핸드크림과 수분크림을 통해 얻고자 하는 것은 촉촉하고 윤기 나는 피부라는 점을 철학적 사고를 통해 깨닫는다면 발색력과 건조증 제거에 초점을 맞춘 연구가 진행될 수 있다고 설명했다.

윤 회장은 어느 정도 성장해 수준이 오르면 겸손을 잃기 쉽지만, 공부를 하면 겸양의 자세를 잃지 않을 수 있다며 "공부를 지속적으로 한 사람과 그렇지 않은 사람의 10년 후 모습은 하늘과 땅 차이만큼이나 다를 것이다."라고 강조했다.

매일 새벽 5시에 기상하자마자 가장 먼저 독서를 한다는 윤 회장은 "독서는 건전한 방향으로 무언가에 몰두할 수 있는 가장 빠른 길이며, 하루 가운데 오직 나만을 위한 행위"라며 독서의 습관화를 제안했다.

윤 회장은 첫 직장인 농협을 거쳐 대웅제약에 재직하며 기업인의 꿈을 키우다 1990년 화장품 OEM(주문자상표부착생산) 업체인 한국콜마를 설립했다. 이후 화장품 업계에서는 최초로 ODM 방식 비즈니스 모델을 도입해 의약품, 건강기능식품 부문으로 사업 영역을 넓혔다. 2018년에는 지주사와 계열사의 합산 매출이 처음으로 1조 원을 넘어섰다.

인문학을 배우면 사람의 마음을 얻는 힘이 듣기, 다시 말해 경청에 있음을 알게 된다. 왜냐하면 그것이 사람의 마음을 헤아리는 지혜이기 때문이다. 베스트셀러 인문서적인 『듣는 힘』의 저자 아가와 사와코는 20년 동안 1,000명이 넘는 유명 인사들을 만나면서 깨달은 소통의 지혜를 '듣기', '경청'이라고 말한다. 저자는 상대의 이야기에 귀를 기울이고 있다는 성의를 보이는 행동이야말로 대화의 기본이라고 강조한다. 대화 중 진심 어린 제스처와 표정, 공감 표현은 상대가 저절로 말하고 싶은 기분이 들게 만든다.

또 저자는 어떤 자리에서든지 먼저 상대의 기분을 헤아리는 마음가짐이 중요하다고 말했다. 단, 상대의 기분을 살피지 않고 하는 인사치레는 주의해야 한다. 상대의 기분을 짐작하긴 어렵지만 이런 때 '나'를 하나의 기준으로 삼으라고 조언한다. 저자는 상대와 나의 경험이 서로 다르더라도 그 안의 기쁨, 슬픔, 괴로움 같은 감정 어딘가에서 공명하는 부분을 찾을 수 있고 교집합을 발견한다면 그 사람을 더 깊이 이해할 수 있게 된다고 주장했다. '웃음' 역시 대화에서 중요한 역할을 한다. 회사 친목회, 프레젠테이션, 송별회 등에서 연설을 하거나 연설을 들을 때 조금이라도 재미있다면 표정과 태도로 이를 표현하라. 듣는 사람의 반응에 따라 이야기의 양과 질이 확연히 달라진다. 또 사람은 모두 똑같은 얼굴로 기뻐하고, 슬퍼하고, 외로워하지 않는다. 그러므로 대화를 하면서 섣불리 상대방의 기분을 단정 짓는 태도는 피해야 한다.

'진심을 담은 피드백 기술'도 필요하다. 상대의 이야기에 적절히 피드

백을 하면 대화를 한층 원활하게 풀 수 있다. 대화를 할 때 생각을 전달하거나 상대를 설득하려는 욕심은 버리자. 상대의 이야기에 귀를 기울이며 맞장구를 쳐주기만 해도, 상대는 마음을 열고 감춰둔 생각을 꺼내게 된다. 대화 중 상대에게 무언가를 확인하고 싶을 때는 앵무새처럼 똑같이 되묻는 방법이 좋다. 상대가 말한 문장이나 단어를 그대로 되묻는 것은 상대의 주의를 환기하는 효과가 있다. 한편 지나친 붙임성은 화를 부른다는 점을 유의하라. 저자는 붙임성 있게 다가가면 누구든 자신에게 호의적으로 대한다는 생각은 잘못된 믿음이자 교만이라고 말한다.

그러므로 인문고전을 많이 읽고 글을 쓰면 상대방의 자리에서 생각할 수 있게 된다. 상대의 마음을 이해하는 것에서부터 공감은 시작된다. 나만 옳다고 여기는 순간 공감대는 무너지며 관계도 끝난다. 나는 인문고전을 읽고 실천하기 전에는 상대방의 마음을 읽어주는 법을 몰랐다. 하지만 『논어』를 읽고 자신이 원하는 것을 미루어서 남이 원하는 것을 이해함이 바로 인(仁)의 실천 방법임을 깨달았다.

인문학에서 배운 이타심으로 타인의 기분을 헤아리려라. 10대 시절의 나는 굉장히 자기중심적이었다. 20대에 끊임없는 자기계발을 했고 인문고전을 통해서 이타심을 알았다. 부모는 자신의 욕망에 앞서 자식의 바람을 먼저 채워주고 자식의 성공을 자신의 성공으로 여긴다. 마찬가지로 훌륭한 리더는 성공을 꿈꾸지만 자신을 따르는 이들의 성공에 감격한다.

항상 남을 위해서 사는 '이타주의'는 어렵지만 우리 자신을 초월해서 다른 사람들을 위해 봉사하는 삶은 더 깊은 의미와 보람이 있다는 사실을 알았다.

인문지식을 통해 얻은 경청의 힘으로 사람의 마음을 움직여라. 나는 대화할 때 자신의 이야기만 하는 동료, 친구들을 많이 봤다. 하지만 그들이 대화를 할 때, 주도권을 잡는 경우는 거의 없었다. 인문고전으로 경청의 힘을 알고 난 후, 상대의 이야기에 귀를 기울이고 있다는 성의를 보이는 것이야말로 대화의 기본이며 상대의 마음을 얻는 법이라는 사실을 깨달았다. 대화 중 진심 어린 제스처와 표정, 공감 표현은 상대가 저절로 말하고 싶은 기분이 들게 만들기 때문이다. 현재 마이크로소프트의 회장인 사티아 나델라도 리더가 갖추어야 할 기본적인 능력이 경청을 통해 공감하는 태도라고 말했다.

7

인문학은 삶의 목적을 만들어준다

/

목적 없는 사람은 방향키가 없는 배와 같다.
– 토마스 캐릴

나는 인문학이 수익을 창출하는 수단이 아니라 삶의 목적이라는 사실을 깨달았다. 물론 처음에는 알지 못했다. 오랫동안 인문고전을 탐독하면서 느꼈다. 경영의 아버지라 불리는 피터 드러커에게 가장 큰 영향을 미친 사상가 중 한 명은 덴마크의 철학자인 키르케고르였다. 1928년 함부르크에서 견습생으로 지내던 시절 키르케고르를 처음 접했던 드러커는 당시 타국어로 번역되지 않았던 키르케고르의 『불안과 떨림』을 읽기 위해 덴마크어를 배우기도 했다.

또한 1989년에 진행한 한 인터뷰에서 드러커는 왜 종교단체를 비롯한 비영리단체의 경영에 관심을 두게 되었느냐는 질문에 자신은 경영에 관심을 가진 후에 종교와 단체에 관심을 갖게 된 것이 아니라 그 반대라고 언급한다. 이는 드러커의 일생에 키르케고르의 실존주의가 일깨워준 인간의 영적, 존재적 측면이 얼마나 중요했는지 보여준다. 사람은 빵으로만 살지 않는다. 드러커가 테일러주의에 반대해 노동이 비용이 아니라 자산이라고 강조한 것도, 그의 경영철학의 알파와 오메가가 무엇을 왜 하는지에 대한 질문인 것도 이러한 드러커의 기본적 문제의식에서 비롯된 것이다.

드러커가 키르케고르에게 배운 자산은 사회공학만으로는 결코 인간 삶의 조건을 개선할 수 없다는 사실이었다. 1993년에 출판한 『생태학적 비전』이란 에세이집에 수록된 '결코 유행하지 않는 키르케고르'란 글에서 드러커는 키르케고르의 저작을 통해 죽음을 전제로 하여 살아가는 인간 존재의 성격은 사회적 기능만으로 설명할 수 없다는 사실을 배웠다고 말한다. 그렇기 때문에 그는 사회적 기능이 개선된다고 해서 사람이 더 사람답게 살지 않음을 깨달았다고 역설한다. 다르게 말하면, 드러커의 주장은 사회적 기능의 개선이 중요하지만 삶의 목적을 실현하는 데 도움을 줬을 때만 의미가 있다는 것이다. 목적이 있는 곳에만 인간의 자유가 있고, 인간의 자유가 있는 곳에만 진정한 발전이 가능하다고 주장한 드러커 경영철학의 요체가 바로 여기에서 나온다.

작금의 스티브 잡스의 인문학 붐은 여전히 드러커의 시각에서는 '결코 유행하지 않는 키르케고르'에 비유할 만하다. 현대사회에서 스티브 잡스는 시대적 우상이 됐고, 그가 만트라처럼 이야기했던 '인문학과 기술의 조화'는 위기에 몰린 인문학이 영업용으로 활용될 수 있는 전가의 보도가 되었다. 인문학이 어떻게 수익 창출의 수단이 될 수 있는지, 꼭 되어야 하는지에 대한 논의가 끊임없이 쏟아져 나온다.

잡스의 인기 덕분에 덩달아 인문학도 흥행하긴 하나, 지금의 인문학 유행의 핵심은 경제 발달과 이윤 창출의 도구로서 인문학이다. 자기계발을 통해 돈을 더 벌기 위해서 인문학이 필요하다는 목소리가 높다. 하지만 다른 그 누구도 아닌 경영의 아버지 피터 드러커에게 인문학은 경제 발달과 이윤 창출의 도구가 아니었다. 그는 경제 발달이나 이윤 창출의 총체적인 의미에서 사회적 기능 개선의 목적을 찾기 위해 인문학을 택했다. 역설적으로 그것이 경영학을 만들었다.

스티브 잡스에게도 인문학은 고답적인 문사철의 암기 학습이 아니었다. 잡스의 인문학 역시 피터 드러커에게 키르케고르가 가지는 의미와 크게 다르지 않았다. 그건 새로운 컴퓨팅 기술이, 그것이 개인용 컴퓨터가 되었든, MP3 플레이어든, 모바일이든, 태블릿이든 누구를 위해 어떤 존재여야 하는가에 관한 고민이다. 그것이 그의 독자적인 경쟁력을 만들었다. 더구나 스티브 잡스에게 있어서든, 피터 드러커에게 있어서든 그들의 인문학은 현실과 무관하지 않았다.

그들은 철저하게 주어진 현실 속에서 그런 인문학적 고민을 했으며, 인문학적 성찰을 통해 자신의 삶의 업적을 만들었다. 각자 자기 분야의 혁신가로서 잡스는 디지털 산업의 기초를, 드러커는 경영학의 기초를 만들었다. 세상엔 소통하는 방법이 2가지가 있다. 하나는 다른 사람이 자기에게 오기를 기다리는 것이고, 다른 하나는 그들 스스로가 다른 사람의 삶으로 찾아가는 것이다. 잡스와 드러커는 모두 후자를 택했다. 현재 국내 인문학은 어느 쪽을 택하고 있는가? 그리고 무엇을 왜 고민하고 있는가?

나는 대학생 시절 기계공학을 전공했다. 8학기를 재학하는 동안 인문학과 무관한 기술을 배웠지만 인문고전, 자기계발서, 실용서 등의 책을 꾸준히 탐독했다. 기계공학 전공자로서 기계 개발·설계·모델링에 대해 많은 관심을 가지고 배웠다. 하지만 인문고전, 자기계발서, 실용서 등의 책을 탐독하면서 얻은 지식들도 기계 관련 학문적 기반을 쌓는 데 큰 영향을 미쳤다. 내가 이런 글을 쓴 이유는 공학도이지만 인문학을 좋아하기 때문이다. 드러커와 잡스처럼 나에게도 인문학은 내가 추구하는 인생의 목적이 무엇인지에 대한 방향을 제시하는 역할을 했다. 그런 만큼 앞으로도 삶의 수단이 아니라 삶의 본질로써, 밥벌이의 도구가 아니라 밥벌이의 목적으로써 인문학이 지속되고 발전하기를 소망한다.

누군가 나에게 왜 인문학에 관심을 가져야 하느냐고 묻는다면, 그건 먹고사는 데 직접적인 도움이 되기 때문이 아니다. 그런 이유라면 법학, 경영학이나 공학이, 혹은 인문사회학 내에서는 심리학이나 통계학 등 응용적인 성격이 강한 학문들이 훨씬 더 직접적인 도움을 줄 수 있을 거라 생각한다. 인문학에 관심을 가져야 하는 이유가 있다면 그것은 우리가 인간이기 때문이다. 인간이기 때문에 밥만으로는 안 되고, 그 밥을 어떻게, 왜 벌고, 어떻게 나눠야 할지에 대한 고민이 필요하기 때문이다. 그 고민의 실천에서만 우리가 진정 행복을 찾을 수 있기 때문이다.

물론, 이런 주장이 인문학이 밥벌이에 도움이 되지 않는다는 말은 아니다. 무엇을 '왜' 하느냐 하는 질문에 대답할 수 있는 사람은 남다른, 더 가치 있는 이익을 만들어낼 수 있다. 그러나 그것이 인문학이 존재하는, 존재해야만 하는 가장 중요한 이유는 아니다.

그런 만큼 나는 인문학이 더더욱 현실에 착근하길 원한다. 인문학은 깨달은 사람의 전유물이 아니고, 인문학만으로 존재할 수 없다. 드러커는 키르케고르에서 출발했지만 경영학을 신설하는 데 공헌했고, 잡스의 인문학도 그의 제품, 기업, 새로운 산업으로 꽃을 피웠다. 인문학은 일부 엘리트에게 독점되었을 때가 아니라 사람들의 일상으로, 그들의 현장 속으로 들어갔을 때 더 힘이 있다. 인문학의 경제적 수단화는 동의하지 않지만, 인문학의 사회적 대중화에 대해서는 찬성한다. 인문학은 이름만 들어도 기가 죽는 학자들의 사상을 맥락 없이 논의할 때가 아니라 현실의 문제를 치열하게 고민하는 바탕이 됐을 때 비로소 살아 있는 것이다.

　인문학은 인문학 전공자만을 위한 학문이 아니라 자신이 하는 이 공부를, 이 일을 '왜' 해야 하는지를 찾고자 하는 모든 사람을 위한 학문이다. 그것이 인문학의 출발점이다. '검증되지 않은 사람은 살 가치가 없다.'라고 가르치고, 그 가르침을 지키기 위해 자기의 목숨까지 내걸었던 소크라테스 이래 인문학이란 그렇게 현실에서 담금질되었고 현실에서 숙성되었다. 인문학을 인문학답게 만드는 것, 그것이 인문학과 사회 모두를 위한 길이다. 인문학은 더욱 인문학의 본질에 충실해야 하고 개인의 삶속에 더 깊이 뿌리내려야 한다.

　그래서 사람이 제 역할을 수행하려면 주체적으로 생각하며 삶의 목적을 분명하게 해야 된다. 처음에는 실수할지도 모르지만 이 과정을 거치면서 개인의 역량이 향상된다. 무엇을 할지 스스로 생각하는 사람과 그렇지 않은 사람의 미래는 다를 수밖에 없다. 그래서 스스로를 기획하는 능력은 현대인의 필수 경쟁력이다.

　나는 삶의 목적을 분명히 하기 위해서는 인문적 통찰이 필요하고 그것이 행복을 낳음을 깨달았다. 또한 인문고전을 읽으면서 인문적 통찰이 필요한 이유가 행복해지기 위해서라고 결론 내렸다. 진정한 행복이란 생명력이 넘치는 것, 좋아하는 일에 헌신하는 것, 상상력이나 창의성이 넘치는 것, 자기만 우뚝 서 있는 경험을 하는 것, 자신의 순수하고 깨끗한 욕망이 이끄는 삶을 사는 것 등이다. 결국 인문학 공부를 통해 우리는 진정한 삶을 살기 위한 것을 얻는 것이라 할 수 있다.

8

자신의 생각과 감정을 경영할 수 있다

/

감정의 폭발은 곧 이성의 결함을 보여준다.
어리석거나 평범한 사람들이 격분하고 있을 때
냉정을 잃지 않는 사람은 성숙한 인간임을 보여준다.
– 발타자르 그라시안

인문학으로 자신의 생각과 감정을 경영하자. 인문고전은 스스로 올바른 생각과 판단을 할 수 있는 능력을 갖추게 한다. 최근 인문학 열풍이 거세다. 우리 사회는 아주 오래전부터 성공과 성장이라는 큰 목표를 달성하기 위해 빠르게 변해왔고, 그 속에서 사람들은 현실에 짓눌려 자신에게 중요한 많은 것을 놓치고 살았다. 인문학 열풍은 바로 그 부족한 점을 채우기 위해 등장했다. 인문학 공부가 필요한 이유는 얼마나 많은 철학자를 아는가, 얼마나 많은 고전의 지식을 꿰고 있는가가 아니라 스스로 올바른 생각을 하고 판단할 수 있는 능력을 갖추기 위함이다.

특히 세상을 바라보는 자신만의 올바른 관점을 갖기 위해 인문학적 소양을 키울 수 있는 책이 필요하다. 인문고전은 사람들에게 스스로 가치를 탐구하고 생각하는 힘을 기를 수 있도록 도와준다는 점에서 다른 도서와 차별화되는 책이라 할 수 있다. 인문고전을 통해 사람들은 세상을 이해하는 넓은 시야를 갖게 되고 궁극적으로는 스스로 질문을 던지고 자신만의 해답을 찾는 주체적이고 창의적인 인재로 성장하게 된다.

인문학이라고 하면 막연히 어렵고 고리타분할 것이라는 편견이 있다. 나도 처음 인문고전을 접했을 때 어렵고 고리타분한 느낌을 받았다. 하지만 오랫동안 탐독하고 글쓰기, 책 쓰기로 정리하면서 스스로 변화를 느꼈다.

감정을 다스리는 사람은 건강하고 행복하다. 감정의 주인이 되는 방법을 알려주는 최고의 힐링은 바로 인문학이다. 사람은 누구나 하루에도 여러 번 감정을 느끼며 반응한다. 감정에 무딘 사람은 있지만, 감정을 느끼지 않는 사람은 없다. 감정은 '행복한 하루', '슬픈 하루', '화나는 하루' 등 자신이 보낸 시간을 평가하는 기준이 되기도 하고, 험난한 인생의 바다 위에서 방향을 헤매지 않고 바라는 목표를 이루도록 도와주는 인생의 나침반 역할도 톡톡히 한다. 그러나 대다수의 사람이 매일 느끼면서도 '감정의 주인'으로 감정이 무엇인지, 그 감정을 어떻게 대해야 할지 잘 모른다. 인문고전은 마음속 깊은 곳에 버려두었던 감정을 캐내어 먼지를 털고 어떻게 활용하면 좋을지 방법을 알려주는 안내서라 할 수 있다.

요즘 '감정 코칭'이라는 교육 방법이 큰 관심을 받고 있다. 해마다 우울증을 비롯한 마음의 병을 앓는 사람들, 그 마음의 병에서 비롯된 통증으로 몸이 아픈 사람들이 늘고 있기 때문이다. 많은 사람들이 감정을 느끼는 것을 불편해하고 그 감정 때문에 힘들어한다. 특히 한국인은 자신의 감정을 인식하고 표현하는 데 서투르다. 감정보다 이성을 중요시하는 사회 환경 때문에 자신의 감정을 이해하고 다스리는 방법을 배우지 못한 탓이다.

감정은 인류에게 생각하는 힘이 생겼을 때부터 오랫동안 사람들의 삶 속에 존재했다. 그 오랜 세월만큼 감정에 대해 큰 관심을 가지고 연구해왔지만, 감정을 제대로 이해하지 못하는 사람이 많다. 감정을 바르게 이해하지 못하면 하루에도 몇 번씩 롤러코스터처럼 오르락내리락하고, 소용돌이처럼 감정이 휘몰아쳐서 기분을 좌지우지한다. 심지어 마음과 몸이 병들기도 한다. 폭주한 감정에 끌려다니지 않고 치유할 수 있는 방법은 없을까? 대부분의 인문고전은 감정이 무엇인지 왜 생기는지, 어떻게 다루어야 하는지 감정의 주인이 되는 방법을 차근차근 짚어나간다.

독자들은 인문학을 통해 감정이란 무엇인지에 대한 호기심을 채울 뿐 아니라 자신의 마음을 들여다보고, 마음에서 일어나는 감정의 변화를 느끼며, 감정의 주인으로서 그 감정을 활용해 더욱 성숙하고 행복한 삶을 살 수 있도록 내적 자아를 성장시켜 나갈 수 있다.

감정의 주인이 되려면 어떻게 해야 될까? '희로애락'이라는 사자성어가 있다. 이 말처럼 살면서 기쁨과 행복을 느낄 때도 있고 화를 느낄 때도 있으며 슬픔을 느낄 때도 있다. 우리가 느끼는 감정은 어떤 삶을 살았는지를 보여준다. 어린 시절에는 인생이 쉽지 않다는 사실을 알고 성인이 되면 그 이유가 바로 삶에서 느껴온 감정 때문임을 깨닫는다. 긴장되고 불안해서 힘들었고 화가 나서 힘들었으며 부끄럽고 수치스러워 고통스러웠다. 차라리 감정을 느끼지 않았으면 하는 순간도 있었다. 감정이 불편한 사람들은 무작정 감정을 무시하며 억누른다. 때때로 감정의 소용돌이에 휘말려 꼼짝도 못하고 허우적거리기도 한다. 이 책을 읽는 독자들은 어떠한가? 본인이 감정과 잘 지내고 있는지 떠올려보자. 지나친 긴장감과 불안으로 발표를 망친 적은 없는가? 갑자기 불같이 화를 내서 친구들이나 동료들과의 사이가 틀어진 적은 없는가? 감정이란 무엇일까? 우리 삶에 늘 함께하는 감정과 어떻게 지내야 할까?

　나는 감정이 궁금해졌다. 그리고 정확히 알고 싶었다. 누구나 살면서 이런 상상을 해본 적이 있을 것이다. 인생의 나침반이나 무엇이든 소원을 이루어 주는 요술램프가 있었으면 좋겠다는 상상 말이다. 그러나 사실 미처 모르고 있지만 우리 모두는 각자의 인생에 맞는 나침반과 요술램프를 가지고 있다. 그것이 바로 감정이다.
　그러면 나쁜 감정의 원인을 이해하며 재발생을 예방하는 방법은 없을까? 감정을 느끼고 표현하면 그 감정은 우리를 떠난다. 그런데 어떤 감정이 생겼을 때 그 감정이 왜 생겼는지 확인하지 않는다면 얼마든지 다시 그 감정을 만드는 자극이나 대상을 만날 수 있다. 그러면 불쾌한 감정을 또 느끼게 될 수 있다. 감정을 일으킨 자극이나 상황, 대상을 전과 똑같은 방식으로 평가하면 그 불쾌한 감정이 또다시 생긴다.

따라서 불쾌한 감정을 다시 느끼지 않으려면 그 감정을 일으킨 원인을 이해해야 한다. 감정의 원인을 이해하는 작업은 감정을 해소하여 떠나보낸 후에 함이 바람직하다. 왜냐하면 감정이 강하게 느껴질 때는 생각을 담당하는 뇌의 부위가 억제될 수 있기 때문이다. 따라서 감정의 원인 파악보다 일단 발생한 감정을 느끼고 표현하며 감소시키고 해소시켜서 떠나보내야 한다. 그런 다음에 생각을 담당하는 뇌의 부위를 활발하게 작동시켜 그 감정이 어떻게 해서 발생했는지, 무엇이 감정을 일으키는 자극이 되었는지, 그 자극에 대해 어떻게 생각해서 그런 감정을 느꼈는지, 또한 그 감정을 느끼고 표현하는 과정에서 어떻게 해소되었는지, 지금은 어떤 마음이 드는지 생각하고 정리하는 방법이 효과적이다.

감정을 일시적으로 완화시키는 방법들은 무엇이 있을까?
나쁜 감정을 완전히 떠나보내고 두 번 다시 발생하지 않게 하려면 감정을 안전하게 해소하는 방법과 감정의 원인을 이해하는 방법 2가지를 반드시 사용해야 한다. 감정을 마주하고 느끼며 본인의 감정이 원하는 것을 들어주어야 한다. 그렇게 해야 감정을 떠나보낼 수 있다. 그 후에는 그 감정이 어떻게 발생했는지 원인을 파악해야 예방할 수 있다. 그리고 똑같은 자극이나 상황에 대해서도 감정이 달라지는 경우가 있으니 유의하자. 인간의 판단에 감정도 이성 못지않게 중요한 역할을 한다. 인문학 도서의 저자들은 주체적으로 삶을 살려면 무엇보다 자신의 감정을 분명하게 파악해야 하며 감정에 혼동이 생기면 삶도 혼동되고 결국에는 자신조차 불신하게 된다고 지적한다.

인문학으로 깨닫다 ②『채근담』

　요즘은 4차 산업 혁명이 큰 화두가 되었다. 얼마 전의 알파고 사건은 대한민국 사회에 큰 충격을 안겼다. 이제 인간 세계에는 무엇을 어떻게 공부하고 가르쳐야 하는지에 대한 어려운 숙제가 남았다. 이전과 같은 방식의 국어, 영어, 수학 중심의 학습법은 미래 인간의 삶에 얼마나 큰 도움을 줄 수 있을까? 판사, 검사나 의사는 10년이나 20년 뒤의 미래에도 여전히 최고로 유망한 직업으로 남아 있을까?

　인공지능 기계의 발전은 조만간 인간의 직업관과 삶의 가치관을 송두리째 뒤흔들어 놓으리라 예상된다. 그리고 기계적인 능력만을 갈고닦은 사람들은 진짜 기계의 능력에 압도당하여 일자리를 잃고 몰락하게 될지도 모른다. 이런 급변하는 시대 환경 속에서, 20세기의 방법으로 21세기를 살아갈 인재들을 가르치는 학습 방법은 정말 엄청난 모순이 아닐까? 지금 사회의 혼란과 무기력을 다음 세대까지 물려줘서는 안 된다. 보통 사람들의 투쟁 역사는 피비린내 나는 비정과 잔혹함이다.

　하지만 부모들의 투쟁은 조금 다르다. 부모의 역할은 엄청나게 크고 위대하다. 부모가 변하면 가정이 바뀌고, 부모가 행복해지면 가정이 행복해진다. 부모의 자존감 향상은 자식들의 자존감 향상으로 이어진다.

즉 부모가 책을 읽고 글을 쓰면서 세상을 향해 눈을 넓히기 시작하면 자식들의 지적 성장에 엄청난 도움이 된다. 그러나 이 모든 것은 혼자서 해내기 힘들다. 그렇기에 '연대'의 가치가 더욱 절실하다. 부모들이 함께 모여서 독서, 글쓰기를 하고 공부하고 대화하면서 지속적인 교류를 이어간다면 그것이 사회를 개선할 원동력으로 작용할 수 있다. 부모의 연대야말로 현대 사회를 회생시키고 다음 세대에 멋진 세상을 물려주는 하나의 강력한 축이 될 수 있다.

그렇기 때문에 나는 2장을 마치며 『채근담』을 추천한다. 『채근담』은 주체적인 생각, 능력을 길러주는 양서로 단순히 개인의 만족에 그치지 않는다. 오히려 『채근담』은 모든 인간이 '자유로운 개인'으로 주체적으로 살아가도록 만드는 데 큰 힘이 된다. 『채근담』은 미래의 삶과 세상을 이해하는 폭넓은 관점을 전해준다. 미래 사회는 지금처럼 기계적인 배움과 노력으로 살아갈 수 없다. 그렇기에 각자의 상상력과 창의력을 확장하는 인문학 공부가 더욱 큰 가치를 지닌다. 부디 『채근담』이 주체적인 삶을 개척하는 데 도움이 되길 바란다.

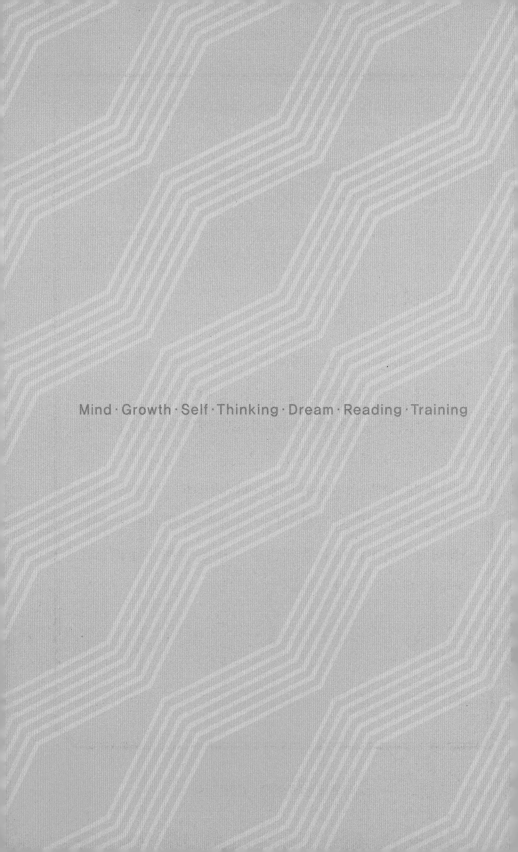

Mind · Growth · Self · Thinking · Dream · Reading · Training

3장

내 생각의 주인이 되는 가장 확실한 방법

Self-improvement through the Humanities

1

현재에 안주하지 마라

/

현실에 안주하지 마라. 편한 것만 바라면 배움도, 성장도 없다.
– 소크라테스

안주하지 말고 더 큰 목표를 향해 달려야 할 이유는 무엇일까? 직장인
이 되면 급여가 주기적으로 들어온다. 이 급여의 크기가 마음을 든든하
게 만들기도 하고 불안하게 만들기도 한다. 보통 사람들은 급여의 맛을
보면 헤어나오기 어려워한다. 그런데 알고 있는가? 세상에는 급여를 주
는 사람이 있고 받는 사람이 있다. 나 혼자는 직장으로부터 급여를 받지
만 누군가는 여러 명에게 급여를 줘야 한다. 직장인들은 근무 시간에만
일을 한다. 하지만 자기 사업을 하는 사람들은 자는 시간을 제외한 거의
대부분의 시간을 일, 공부, 자기계발에 몰두한다. 직원들에게 급여를 주
기 위해서는 끊임없이 수익 창출을 고민해야 되기 때문이다. 큰 규모의

기업들은 요즘 같은 불경기에 어려우면 인건비를 감당하지 못한다. 그것 때문에 사람을 덜 뽑고 심지어 내보내려 한다. 어떤 기업들은 사내에 구조 조정과 비슷하게 예고도 없이 임원들을 내보낸 일이 있었다. 20년을 넘게 일한 회사에 젊음과 인생을 다 바쳤지만 단 하루 만에 나가게 되었다. 과연 그들은 인생의 다음 스텝을 준비하고 있었을까?

　운이 좋으면 협력업체나 거래처에 가서 어떤 직책을 맡을 수도 있다. 하지만 그렇지 않은 경우에는 기업의 임원에서 하루아침에 긴 백수 생활을 하게 될 수 있다. 평소에 일만 하고 취미, 공부, 자기계발을 전혀 하지 않았으면 정신적 충격과 공황 상태까지 올 수 있다. 많은 직원들을 이끌던 임원의 갑작스러운 퇴직은 당사자에게 큰 충격이 된다. 이런 사실들을 보면서도 그곳을 향해 가는 사람들이 바로 직장인들이다. 옆에 있던 동료가 갑자기 필요 없어진 조직에서 살아남은 직원도 불안하기는 마찬가지다. 생각이 있는 직장인들은 만약 직장에서 나가게 되면 무엇을 해야 될지 걱정한다.

　하지만 많은 직장인들이 별 대안이 없이 산다. 가장 큰 이유는 처음에 직장을 다니면서 무엇을 이루었다는 착각에 빠지기 때문이다. 심지어 할 수 있는 일이나 하고 싶은 일에 대한 고민을 멈추는 사람들도 있다. 간혹 직장생활을 언제까지 할 수 있을지 알 수 없어서 치열하게 공부와 자기계발을 하는 직장인들도 있다. 물론 끊임없이 공부와 자기계발에 힘쓰는 직장인들도 힘들 때가 있지만 결코 배움의 끈을 놓지 않는다. 왜냐하면 언제 구조 조정의 물결에 휩쓸려 백수가 될지 모르기 때문이다.

우리는 끊임없이 일, 공부, 자기계발을 하면서 고민해야 한다. 의식을 일으켜서 왜 태어났고 무엇을 해야 후회 없는 인생을 살 수 있을지 자신에게 되물어야 한다. 많은 직장인들은 자신이 진정으로 하고 싶은 일이 무엇인지 모르겠다고 답했다. 사실 누구에게나 마음이 끌리는 일은 존재한다. 만약 지금 직장에서 하는 일이 자신을 흥분시키고 마음에 끌린다면 그 분야에 더욱 매진해서 치열하게 살면 된다. 하지만 본인의 일을 그냥 돈 때문에 하고 있고 공부, 자기계발, 취미생활조차도 하지 않는다면 고민하고 생각해야 한다. 도리어 주어진 일을 하면서 취미, 공부, 자기계발을 하는 직장인들은 활력이 있고 건강하다. 결국 삶이 의미 있고 재미있어야 한다. 주어지는 급여를 넘어서 그 돈으로 무엇을 의미 있게 할지 결정해야 한다. 일단 마음이 끌리는 목표가 생기면 열심히 목표를 향해 달리게 되어 있다.

나는 어릴 적에 직장인이 되면 먹고사는 문제가 다 해결될 거라 믿었다. 하지만 그것은 큰 착각임을 깨달았다. 직장인이든 학생이든 자신의 열정만큼 성장하며 성장을 멈추면 몸값과 급여도 멈춘다는 사실을 알았다. 또한 열정이 가득하면 성실성과 창의성은 저절로 따라오게 된다고 배웠다. 무엇보다도 자기 발전을 우선시하고 경제적인 개념을 키우면서 미래를 준비하는 사람들한테만 기회가 온다는 교훈을 얻었다.

안주하지 말고 현실을 돌파하기 위해서는 현실 감각을 가져야 한다. 현실 감각을 가지려면 무엇을 어떻게 해야 될까? 현실 감각을 갖는다는 것은 현실을 깨닫는 게 아니다. 현실 감각을 가지려면 끊임없이 행동해야 한다. 현실은 어떻게 행동하느냐에 따라서 얼마든지 달라질 수 있다. 만일 지금 자신이 평범하다면 지난 세월동안 평범한 삶을 살았기 때문이다. 지금이라도 비범한 행동을 적극적으로 하기 시작하면 반드시 특별한 미래를 맞이할 것이다.

부도를 낸 뒤 대기업에 인수된 업체가 있었다. 그리고 부장 승진과 동시에 그 업체로 발령 난 30대가 있었다. 본사에서 폐허나 다름없는 곳으로 그냥 보내기가 미안해서 먼저 승진을 시킨 뒤 발령을 냈다. 그곳에서 그는 대박을 일구었다. 회사 매출을 1년도 안 돼서 무려 12배 넘게 향상시켰기 때문이다. 40대에 그는 인생의 승부수를 던진다. 자신의 꿈을 실현하기 위해 회사를 박차고 나와서 창업했다. 하지만 현실은 만만치 않았다. 준비했던 사업 설명회에 10명도 안 되는 사람들이 참석했다. 또한 그는 탱크가 수시로 지나가는 경기도 연천에 첫 가맹점을 개설했다. 그는 가맹점을 운영하면서 끊임없이 인문고전 같은 책을 읽고 글을 썼다. 그런 습관은 그에게 놀라운 선물을 주었다.

약 4년 후 그는 가맹점 1,000호 돌파를 축하하게 된다. 그리고 사업을 시작한 지 10년 만에 2,500개가 넘는 가맹점을 거느리게 된다. 거대한 성공을 이룬 셈이다. 그는 BBQ치킨으로 유명한 윤홍근 제너시스 그룹의 회장이다.

나는 사람들이 자신의 문제를 잘 모른다고 생각한다. 문제가 커지기 전에는 보통 사람들은 모른다. 지금 다니는 직장에 문제가 없고 주어진 일만 해내면 별 문제가 없다고 믿는다. 그것 때문에 항상 제자리다. 깨어 있는 사람들은 현실에 안주하는 삶을 원하지 않는다. 그들에게 현재의 행복도 있지만 오늘보다 훨씬 나은 내일과 미래를 원하기 때문이다. 다시 말해 현재보다 나은 미래를 꿈꾸고 그에 대한 충분한 노력으로 가까운 미래에 자신의 목표가 실현되길 바라기 때문이다. 깨어 있는 사람들은 남들과 같은 노력이 아니라 진짜 노력을 한다.

깨어 있는 사람들이 하는 진짜 노력은 무엇일까? 우선 그들은 목적을 뚜렷하게 하려고 다양한 시도를 한다. 자신이 하는 경험의 폭을 넓히기 위한 노력과 그 경험을 다르게 보기 위한 노력이다. 이 2가지는 우리의 삶 또는 일하는 목적을 분명하게 만드는 노력이다. 당연히 새롭게 자신에게 다가오는 자극을 통해 본인이 가진 목적을 더욱 예리하게 만든다. 그 과정 속에서 자신의 영역은 상식, 교양, 전문성이 결합되어 스스로에게 엄청난 자산이 된다. 무엇이든 좋다. 오랫동안 탐구하고 투자할 만한 대상을 명확하게 하는 일을 게을리하지 마라.

그리고 깨어 있는 자들은 명확하게 정의된 목적 달성을 위한 습관을 만들기 위해 노력한다. 인생과 일은 결코 로또나 복권처럼 단번에 변화시킬 수 없다. 매일처럼 실천하는 일상의 합이 미래를 결정한다. 그러니 명확한 목적에 어울리는 습관을 만들어라. 그것이 목적 달성의 든든한 초석이다.

현실에 안주하기에는 인생이 너무 짧다며 대기업의 애널리스트를 그만두고 자신의 역량을 발휘할 수 있는 직종으로 과감하게 도전한 사람이 있다. 그는 기업세계의 촉박하고 엄혹한 환경에서 자신의 창의성이 잠들어 있었다고 답했다. 그는 질문하지 않고 그저 주어진 일을 잘 처리해 승진 사다리를 기어오르려고만 했다. 그러나 그 스트레스가 자신의 영혼을 좀먹고 있음을 깨달았다.

어느 날 그는 블로그 작성에서 흥미로운 스트레스 해소법을 찾았다. 실제로 그것이 소셜 미디어와의 첫 만남이었다. 그는 실험하고 설계하고 탐구할 수 있었다. 그리고 그는 나이가 들수록 돈을 떠나 보람 있는 일을 하고 싶은 욕구가 강해졌다. 건강하게 먹고 날마다 운동하고 자신의 시간을 통제하고 취미생활을 하고 가족과 시간을 보내는 삶을 그리기 시작했다. 그래서 변화를 주기로 마음을 먹었다. 하지만 업종을 바꾸기는 쉽지 않았다. 그리고 여러 가지 상당한 어려움이 있었다. 무엇보다 현실에 안주하려는 그의 마음이 문제였다.

그는 경제적 혜택과 안정을 포기하기가 정말로 힘들었다고 고백했다. 또한 앞날의 불확실성이 그의 마음을 무겁게 짓눌렀다. 분명 금융업에서 벗어나고 싶었지만 세상에 자신의 재능을 최대한 발휘할 수 있는 일자리가 어디에 있는지 몰랐다. 실제로 당시에는 '소셜 미디어 마케터' 같은 직종은 존재하지도 않았다. 그러나 그는 삶에 변화를 줘야 한다는 사실을 분명하게 실감하고 있었다. 검증과 노력은 오로지 자신의 몫이었다.

그는 소셜미디어 업계에 관해 꾸준히 배워나갔다. 1년 뒤 브랜드들이 그의 블로그에 관심을 갖기 시작했다. 그런 성공을 지켜본 스타트업 창업자 친구 몇몇이 자신의 소셜미디어 마케팅을 도와달라고 요청했다. 그는 소규모 스타트업들을 위해 일하면서 얻은 경험을 통해 이 시장에 참여해야겠다는 확신을 갖게 됐다. 물론 그가 속한 대기업은 매우 훌륭한 직장이지만 그에게 맞지 않았다.

그는 지난해 직접 디지털 마케팅 회사를 창업했다. 일하면서도 꾸준히 탐독했던 인문고전들은 그에게 큰 힘이 되었다. 1년도 안 돼 운 좋게 몇몇 우수한 고객을 확보하고 마침내 지속가능한 사업으로 확신하게 되었다. 얼핏 보면 성공 스토리 같지만 정말로 그 여정은 순탄하지 않았다. 그가 안정적인 고소득 직장에서 뛰쳐나오기로 마음을 굳히기까지 5년이

걸렸으며 완전히 다른 업종에서 회사의 기반을 다지기까지 또다시 3년
이 걸렸다.

그 사람의 사례를 보고 내가 배운 게 있다면 현실에 안주해서는 안 된
다는 사실이다. 주어진 환경에 만족하며 살기에 인생은 너무 짧다. 힘든
일도 있지만 지출을 줄이고 도움을 청하고 멘토를 구하고 필요하면 무슨
일이든 실행해야 함을 깨달았다.

나는 예전에 새벽 5시에 일어나서 아침 7시가 지날 때까지 2시간 이상
을 독서하고 서평을 썼다. 최근에는 새벽 4시에 일어나서 3시간 이상 독
서, 글쓰기, 책 쓰기를 한다. 덕분에 학생 때와는 비교할 수 없을 정도로
지식과 지혜가 쌓이는 현상을 경험했다. 내가 즐겨 읽는 인문고전을 비
롯한 모든 책은 부족한 지식을 채워주고 부족한 경험을 간접적으로 채워
준다. 글쓰기, 책 쓰기는 독서를 통해 얻은 지식과 경험을 더 체계적으로
만들었다. 아이디어와 영감을 얻는 일도 많다. 예를 들어 아이디어와 영
감은 직장인이 일을 기획한다든지 새로운 프로젝트를 구상할 때 큰 효과
를 발휘한다. 또한 말하는 실력과 글 쓰는 재주가 향상된다. 논리적으로
글을 쓰고 설득력 있게 말해야 성공적인 비즈니스가 가능함을 배웠다.

2

생각의 넓이를 키워라

/

사람들은 죽어도, 책은 결코 죽지 않는다.
어떤 힘도 기억을 제거할 수는 없다.
독서와 글쓰기는 생각의 넓이를 키워주는 무기이다.
— 프랭클린 루스벨트

생각의 넓이를 키우는 방법에는 무엇이 있을까? 나는 생각의 넓이를 키울 수 있는 방법 6가지를 독자들에게 소개하고 싶다. 이 책을 보는 청년들 중에서 대학생들은 대학교를 다닐 때 각종 과제와 숙제, 시험과 프레젠테이션에 쫓겨서 한 학기를 공부로만 보낼 확률이 크다. 그리고 보통의 직장인들은 업무에 치이느라 자신도 모르게 정신없이 바쁜 일벌레가 된다.

나는 그것 때문에 지금 살아가는 세상이 어떻게 돌아가고 있는지, 어떤 뉴스가 시사되고 있는지, 자신이 진출하고 싶은 업계나 학계의 동향은 어떤지 모른 채 시간을 보내는 대학생과 직장인들을 많이 봤다. 시사에 밝아지고 세계가 움직이는 동향을 파악하면서 자신만의 견해나 생각을 만들어내는 연습을 하다 보면 생각이 넓고 깊어질 거라 믿는다. 나는 지금 작가이고 아는 것이 그렇게 많지 않지만 내가 사용하는 '생각의 넓이'를 키울 수 있는 방법을 소개하고자 한다.

1. 온라인 뉴스 큐레이션 미디어와 친구가 되라

요즘은 큐레이션 매체가 유행이다. 미국, 영국은 물론이고 한국에서도 여러 매체들이 온라인에서, 특히 소셜 네트워크상에서 승부를 본다. 대표적인 예로 미국과 영국의 〈Business Insider〉, 〈Huffington Post〉, 〈Mashable〉 등이 있고 한국의 〈허핑턴 포스트 코리아〉, 〈위키 트리〉, 〈인 사이트〉 등이 있다. 인터넷에 떠돌아다니는 온갖 주제의 콘텐츠들을 한 매체로 묶어서 웹사이트와 페이스북, 트위터 등에서 공개한다. 너무 다루는 주제와 콘텐츠가 다양하고 광범위해서 많은 사람들이 '저질 언론'이라고 폄하하기도 하지만, 내가 봤을 때는 결코 그렇지 않다. 온라인 큐레이션 매체의 장점은 '속도'와 '친근성'에 있다. 이들은 본인들의 기사를 웹 사이트로 업로드하면서 동시에 페이스북과 트위터에서도 링크를 태워 공유를 하는데, 이 점이 바로 온라인 매체의 강점이다. 페이스북과 트위터는 우리가 매일 사용하는 네트워크다. 아침에 일어나면 TV를 보던 사람들이 이제는 스마트폰에서 뉴스 피드(news feed)를 내린다. 친근하기 때문에 손쉽고 빠르게 뉴스를 접할 수 있다.

우리는 이들의 페이스북 쪽에 있는 '좋아요'를 누르기만 하면 된다. 그러면 얼마 되지 않아 뉴스 피드에서 각종 기사들을 우리의 개인 뉴스 피드에서 접할 수 있다. 이러한 방식의 매체는 이 세상에 있는 어떤 매체들보다 더 빠르기 때문에 가장 빨리 소식을 접할 수 있게 된다. 이 방법은 직접 웹 사이트를 가서 확인하는 방법보다 더 빠를 때가 있다. 속도의 승리다.

2. 신문과 잡지를 읽는다

정보 기술의 발달로 우리의 삶은 한층 더 편해졌다. 아침에 일어나서 스마트폰을 켜고 뉴스나 각종 정보를 확인할 수 있게 되었다. 그럼에도 불구하고 신문과 잡지를 읽어야 하는 이유는 무엇일까? 신문과 잡지에는 각 언론사나 집필진의 생각과 주관이 어쩔 수 없이 들어가게 된다. 언론사는 좌로나 우로나 치우치지 않는 방향성을 강조하며 주관보다는 있는 사실 그대로를 쓴다고 홍보하지만, 글은 아무리 좌우균형을 맞춰서 작성해도 쓰는 사람의 주관이 들어갈 수밖에 없다. 특히 칼럼이나 잡지의 경우는 더욱 그렇다. (헤드라인 뉴스들은 아무래도 주관적 생각이 덜 들어가 있다.) 이런 이유 때문에 각 언론사들에게 붙은 색깔이 생긴다.

한 가지 주제를 놓고 남의 생각을 읽다 보면 자연스럽게 자신의 생각도 정립이 된다는 이점이 있다. 자세하고 논리정연하게 출간된 신문기사나 칼럼, 혹은 잡지의 기사는 온라인에서 손쉽게 볼 수 있는 뉴스나 블로그 등과는 큰 차이가 있다. 신문이나 전문 잡지를 통해 발행된 기사는 그만큼 신뢰성이 있다. 독자에게 확실한 정보와 깔끔하고 논리 정연한 주관을 내보내기 때문에, 거짓 정보나 혹은 왜곡된 정보를 걸러낼 수 있다는 장점이 있다. 정보 홍수의 시대에서 왜곡된 정보를 거르는 방법은 필수다.

3. 매일 독서와 글쓰기를 실천하라

독서와 글쓰기는 사고력 발달에 큰 도움이 된다. 너무 당연한 사실이다. 아이든 어른이든 독서, 글쓰기를 오랫동안 꾸준히 하면 머리가 좋아진다. 아무튼 독서와 글쓰기를 하면서 지식의 발달, 사고력의 발달, 주관의 정립, 글쓰기 능력 향상 등의 여러 가지 혜택을 누릴 수 있다.

독서와 글쓰기를 매일 하겠다고 다짐하는 사람들을 많이 봤다. 그러나 그들 중에서 꾸준히 책을 읽고 글을 쓰는 사람들을 본 적이 거의 없다. 그들은 독서와 글쓰기의 중요성은 알고 있지만 시간이 없다고 변명한다. 변명은 변명일 뿐이다. 독서, 글쓰기는 시간을 내서 실천해야 한다. 바쁘다고 변명만 하는 사람들이 과연 수많은 대기업의 최고 경영자나 각 나라를 대표하는 정치인, 언론인, 학자들보다 더 바쁠까? 시간이 돈이고 돈이 시간인 그들에게는 독서, 글쓰기만큼 중요한 일과는 없다. 비교하는 일은 분명 좋지 않은 행동이지만 극단적으로 생각했을 때, 우리의 삶이 과연 잭 웰치, 엘론 머스크, 워런 버핏, 제프 베조스의 삶보다 바쁠까? 다시 강조하면 독서와 글쓰기는 시간을 내서라도 실천해야 한다. 목표를 세우고 차근차근 점진적으로 독서량, 글쓰기 양을 늘려야 한다. 나는 이 책을 보는 독자들에게 인문학, 자기계발서, 전기문, 평전, 실용서들을 추천하고 싶다.

4. 나누고 대화하고 토론하라

1, 2, 3번의 방법을 통해 세상 돌아가는 물정을 이해하고 동향을 파악해야 된다. 그리고 자신의 생각과 견해를 남들과 공유하고 그것에 대해 대화하고 토론하라. 이것 역시 중요하다. 내가 아무리 많은 지식재산을 보유하고 있고 특정 분야나 많은 분야에 대해 통찰이 깊다고 해도 나누지 않으면 이 지식이 맞는지, 내가 생각하는 견해가 올바른 견해인지 등에 대해 객관적인 시각을 얻을 수 없다. 또한 지식이나 견해는 다른 사람들과 나누면서 기쁨과 보람을 느낀다. 그것 때문에 교수나 강연가라는 직업이 존재한다.

로마의 철학자 세네카는 다음과 같이 말했다.

"아무한테도 말하지 않고 입 다물어야 한다는 조건으로 지혜가 전수되는 것이라면 나는 거부한다. 무엇이든 나누지 않고 소유하면 기쁨과 보람이 없다."

대화를 통해 얻는 결실은 또 있다. 본인이 나누는 지식과 생각이 많을수록 자신의 가치는 상대적으로 높아진다. 사람들은 당신에게 조언을 구하게 되고 그때마다 자신의 충고와 조언을 그들에게 나누면서 얻는 기쁨과 보람도 있다. 좀 더 구체적으로 말하자면 이것은 자신의 브랜드를 만들어가는 과정의 첫 걸음이다. 자신의 생각과 통찰, 그리고 지식을 대화하고 토론하고 나누는 방법은 여러 가지가 있다. 우선 지인들과 나누거나 블로그나 책으로도 나눌 수 있다. 그리고 강의나 SNS로도 공유할 수 있다.

5. 직장인들은 자신보다 한 단계 윗사람의 입장에서 생각하고 행동하라

말단 사원이나 개발자라면 주임과 대리의 입장에서, 대리나 주임이라면 과장이나 선임의 입장에서 생각하고 판단하려고 노력하라. 최근에 나는 조직이 항상 위에서 아래로 내려오기 마련임을 깨달았다. 처음에 나는 직장인들이 자신의 입장에서 노력이나 결과물을 위로 올려 보낸다고 생각했다. 하지만 자기계발에 끊임없이 몰두하고 인문고전 같은 책을 탐독하면서 위에서는 항상 내려다보고 있다는 사실을 뒤늦게 알았다. 항상 윗사람의 입장과 시각으로 자신을 바라보는 습관을 들이면 미처 생각하지 못하거나 놓친 부분이 보인다. 책을 즐겨 읽는 습관은 이런 식으로 내 생각의 넓이를 키웠다.

6. 나무보다 숲을 먼저 보는 습관을 들여라

숲을 먼저 보고 나무를 보면서 일하는 습관이 일류들의 일하는 방식이다. 세계적인 기업인들은 좋은 제품, 서비스를 값싸게 만들어서 고객에게 신속하게 제공하는 것이 기업 경쟁력의 본질임을 정의했다. 그리고 고객으로부터 이렇게 좋은 물건을 만들어줘서 고맙다는 말을 들을 정도면 최고의 기업 경쟁력을 갖추었다고 주장한다. 이런 기업 경쟁력도 숲을 먼저 보고 나무를 보는 습관으로 얻을 수 있다. 복합화의 원리를 보면 소매점과 백화점의 차이를 알 수 있다. 여기저기 흩어져 있는 소매점은 아무리 대단해도 소매점에 불과하지만 이를 한 건물 안에 모아놓으면 백화점이 되듯이 서로 연관성이 있는 시설, 기능, 기술, 인프라 등을 유기적으로 결합해놓으면 경쟁력과 효율이 극대화된다.

여기서 백화점을 숲으로 보고 소매점을 나무로 보자. 백화점이 경쟁력을 갖추려면 당연히 소매점이 경쟁력을 갖추어야 한다. 여기서 다시 소매점을 숲으로 보면 나무는 소매점에서 고객을 상대하는 판매원이다. 숲을 먼저 보고 나무를 보는 습관을 백화점의 기업 경쟁력에 적용하면 판매원들의 경쟁력이 백화점의 경쟁력임을 알 수 있다. 그러므로 한 백화점의 영업사원과 판매원들이 끊임없는 자기계발과 인문고전의 책을 탐독하고 글을 쓰는 습관을 들이면 그 백화점은 일류로 거듭날 수 있다. 자신이 근무하는 소매점의 제품을 고객에게 전문가 수준으로 설명할 줄 알고 가장 좋은 제품을 가장 싼 가격에 신속하게 제공할 줄 아는 노하우를 가진 영업사원과 판매원으로 채워진 백화점은 언제나 충성고객이 가득하다.

3

늘 성장하고자 하라

/

인간의 위대함은 자신이 보잘것없음을 깨닫고 성장함에 있다.
— 파스칼

왜 공부를 통한 지식과 깨달음을 성장의 발판으로 삼아야 할까? 그 이유는 공부를 통해 얻은 지식, 깨달음은 수익이 약속된 최고의 투자이기 때문이다. 일본에 이노우에 히로유키라는 의사가 있다. 그는 가보고 싶은 세미나 강좌가 있으면 일본 국내는 물론 해외에 가는 것도 마다하지 않았다. 책이나 DVD도 봐야겠다는 생각이 들면 즉시 구입했다. 그는 그 모든 비용을 합치면 1억 엔이 넘는다고 고백했다. 그는 왜 그렇게 많은 돈을 썼을까? 그 이유는 배움은 최고의 투자이기 때문이다.

일본에서 거품경제로 들썩이던 시절에는 부동산과 주식에 억 단위의 돈을 투자하는 사람들이 적지 않았다. 많은 사람들이 주식, 부동산에 투자하고 단기간에 얼마가 올랐다면서 기뻐했다. 하지만 거품경제는 허망하게 붕괴되었다. 주식 투자, 부동산 투자를 했던 사람들 대부분이 지금은 어떤 상황에 처해 있을까? 어렵게 투자한 물건이 거의 바닥까지 무너져서 막대한 손실을 껴안고 쩔쩔맨다. 대출해서 투자한 사람들 중에서는 파산하거나 자살한 사람들도 있다.

최근에도 리먼 쇼크를 계기로 유럽의 금융 위기와 투자 환경이 악화일로를 걷고 있다. 이런 사례를 통해서도 주식이나 부동산 같은 투자가 얼마나 불확실하며 시기를 잘못 타면 모든 게 원점으로 돌아간다는 사실을 알 수 있다. 심지어 막대한 손실도 초래한다. 이에 비해 배움에 대한 투자는 절대로 손해를 끼치는 일이 없다.

배움의 성과는 확실하게 본인의 자산이 되며 평생 마이너스가 되는 일이 없다. 게다가 경험으로 축적하면서 점점 더 자신을 갈고닦게 된다. 그리고 부가가치도 생긴다. 전 세계에서 아무리 높은 이익을 가져다주는 투자라 해도 배움만큼 확실한 투자는 없다. 질병이나 부상 등 만일의 경우를 대비해서, 혹은 노후를 위해 저축도 당연히 필요하다. 일정한 생업이나 재산이 없는 자의 마음은 항상 불안하기 때문이다. 얼마간의 자산이 없으면 마음도 불안정해지기 마련이다. 하지만 자산형성 이상으로 자신에게 투자하려는 다짐이 중요하다. 그리고 그 다짐을 행동으로 바꿔나가야 한다.

현재 20대 또는 30대라면 자신을 형성할 자금을 자신에게 투자하는 편이 좋다. 그러면 앞으로 더 큰 수확을 얻을 수 있다. 나도 30대인 지금 배움에 대한 투자를 아끼지 않는다. 그리고 배움에 대한 성과를 거두지 못했던 적이 없다. 특히 강좌나 세미나 같은 배움의 장에 나가면 반드시 누군가와 조우하게 된다. 강연가나 주최 측 관계자 등 다양한 만남에서 반드시 어떤 수확을 얻을 수 있다.

위에서 언급한 의사 이노우에 히로유키는 강연, 연수, 세미나에서 알게 된 분들과의 인연으로 책 출간의 기회도 얻었다. 또한 그는 세미나의 강연가가 되어서 초청을 받는 등 도저히 측정할 수 없을 정도로 큰 수확을 얻었다. 그러니 자산에 투자하기보다 배움에 투자하라. 직장인이라면 인문고전과 같은 책을 탐독하거나 글쓰기, 자기계발을 하면서 자신에게 투자해야 한다.

배움에 힘쓰는 습관의 중요성은 다른 곳에서도 찾을 수 있다. 배움은 언제 어디서나 그 싹을 틔울 수 있다. 세상에서 가장 강력한 무기는 무엇일까? 여러 가지 답이 있지만 그중 하나는 지혜다. 하지만 지혜라는 무기는 다른 사람들로부터 넘겨받거나 돈으로 살 수 없다. 지혜는 오직 배움을 통해서만 얻을 수 있다. 배움은 누구에게나 주어졌으며 성공으로 가는 사다리다. 계속 꾸준히 배워야 앞으로 나갈 수 있다. 사회가 멈추지 않고 계속 발전하듯이 끊임없이 배워야 한다. 오래된 지식은 늘 새로운 지식으로 교체된다. 특히 과학기술, 공학에 대한 지식은 2-3년만 공부하지 않아도 낡은 지식이 된다. 끊임없이 성장하고 앞으로 나가고 싶으면 성실하게 배워라.

배움의 고통은 잠깐이지만, 못 배운 고통은 평생 간다. 공부를 해본 사람이라면 배움의 과정이 결코 쉽지 않음을 안다. 하지만 배움을 그저 의무로 생각하면 매우 고통스러운 과정이 된다. 하지만 일단 자신의 목표가 생기고 그 분야에 대한 공부를 시작하고 그 공부를 사랑하면 그 시간은 매우 즐거워진다. 왜냐하면 세상 어디에서도 얻을 수 없는 즐거움이 배움에 속해 있기 때문이다. 성공한 사람과 실패한 사람의 차이는 처음에 아주 근소하다. 하지만 시간이 흐르면 두 사람의 격차가 매우 커진다. 그 이유는 배움의 유무에 있다. 생각이 있다면 배움을 멈출 수 없다. 만약에 배움을 포기하면 발전과 성장도 포기해야 된다.

삶의 최우선순위를 배움으로 정해서 지식과 깨달음을 얻어라. 배움의 시간을 가장 우선순위에 두어야 하는 이유는 무엇일까? 국제적인 기업의 한 CEO는 어느 달에 피터 드러커 톱매니지먼트 세미나를 가고 경영 세미나도 간다. 그의 계획표에는 매달 반드시 몇 개의 세미나, 연수가 기입되어 있다. 그는 과거에 대학원을 졸업했고 그 후에는 연간 100일 이상 세미나에 참석했다. 지금도 매년 세미나에 참석한다. 물론 자신이 일군 기업을 경영하기 위해서는 굉장히 바쁘다. 그런데도 그가 시간을 쪼개며 세미나에 참여하는 이유는 무엇일까? 이유는 간단하다. 기본적으로 그는 세미나 참석을 우선순위의 가장 높은 곳에 두고 나머지 상황을 고려하기 때문이다.

바쁘다면서 배움을 뒤로 미루는 사람들이 있다. 그들은 공부하고 싶은 마음은 있지만 공부가 우선순위가 아닌 사람들이다. 이런 식이면 아무리 시간이 흘러도 공부할 수가 없다. 어떤 분야의 공부를 하기로 결심했으면 우선 어떤 책, 강좌, 세미나가 있는지 찾아보라. 인터넷 모임에 가입해 관련 정보를 찾는 방법이 있다. 초보자에게 필요한 책이나 강좌 정보를 얻을 수 있고 모임 사람들끼리의 세미나 정보도 얻을 수 있다. 그리고 그중에서 마음에 드는 세미나가 있으면 만사를 제치고 참석한다는 방침을 세워라. 세미나 참석을 계획의 가장 우선순위에 두고 참석이 어려우면 관련된 책을 읽고 글을 써라. 독서와 글쓰기도 좋은 방법이다.

최우선순위에 배움을 두었으면 업무도 병행할 수 있는 방법을 찾아야 한다. 독서와 글쓰기를 하고 싶으면 나만의 시간과 공간을 만들어라. 나는 개인적으로 새벽 시간과 아침 시간에 집에서 하는 방법을 추천한다.

배움의 시간을 최우선순위에 놓는 가장 큰 이유는 대부분의 평범한 사람들이 업무를 최우선순위로 여기기 때문이다. 억지로라도 배움을 그 앞의 우선순위에 두지 않으면 일상이 온통 업무로 도배된다. 변화를 원하고 발전을 추구한다면 어떻게 해서든 변화하고 발전할 시간을 만들어라.

나는 예전에 인문고전 등의 책을 읽고 글을 쓰기 위해 새벽 5시에 일어나서 2시간 이상을 배움에 투자했다. 최근에는 책도 쓰기 위해 새벽 4시에 일어났다. 그러면서 2가지 깨달음을 얻었다. 첫 번째, 일류는 새벽에 일어나서 오전에 직장이나 학교에 가기 전까지 독서와 글쓰기에 몰두한다. 두 번째, 일류에게 최우선순위는 독서, 글쓰기를 하거나 세미나, 연수, 강의에 참여하는 것이고 일은 남는 시간에 한다.

사람들 중에서 경제적인 여유가 없기 때문에 배울 수 없다고 말하는 사람들이 있다. 그런 사람들은 돈이 없다는 이유로 배울 기회를 놓친다. 계단을 오르거나 목표 달성을 위해 앞으로 나아갈 때 힘이 부치는 경우가 있다. 그럴 때 누군가가 뒤에서 조금이라도 밀어주거나 잠시 손을 잡아주면 수월하게 갈 수 있다. 배움을 위한 대출은 뒤에서 밀어주는 힘이나 잡아주는 손과 같다. 그 도움으로 계단을 오를 수 있다면 빌린 돈도 여유롭게 갚을 수 있다. 배움은 미래를 위한 최고의 투자이다. 배움으로 성장과 발전의 초석을 만들자.

4

탁월함을 추구하라

/

탁월함은 반복적인 훈련과 연습, 배움으로 이루어진다.
— 아리스토텔레스

어떻게 하면 탁월함을 추구할 수 있을까? 탁월함을 추구하는 방법은 위대한 방법, 완벽한 방법만 있는 게 아니다. 일상에서 일어나는 소소하고 작은 일에서 기회를 발견하고 탁월함을 추구할 수 있다. 크리스토퍼 몰리는 큰 성공이 작은 성공을 거듭한 결과라고 말했다. 그러니 작은 일에서 성공의 기회를 과감하게 발견해야 한다.

스티브 잡스는 그 옛날에 차고에서 컴퓨터를 만들어 세상에 나온 사람이다. 하지만 우리는 21세기에도 컴퓨터 조립을 제대로 못 한다. 특별한 사람은 뭘 해도 결국 성공하게 되어 있다. 하지만 일반인은 그렇지 않다.

그들의 탁월함에서 영감을 받을 수는 있지만, 전략을 그대로 따라 하기에는 한계가 있다. 일단 자신을 파악해야 한다.

혼자 사업을 하는데 잘하는 분이 있다. 이분은 스펙에 비해 삶의 성취도가 매우 높은데 이 사람의 '작은 성공'을 축하하며 성공에서 가장 중요한 게 뭔지 물어본 적이 있다. '자기 파악'이라고 단번에 답했다. 자기는 스펙이 안 좋은데 만약 취업을 준비했다면 힘들었을 거라 했다. 더불어 리더십이 없어 사업을 크게 하면 더 어려웠을 거라고도 했다. 그래서 자신한테 딱 맞는 수준의 아이템을 찾는 데 집중했다고 말했다.

그리고 정확하게 관찰하는 습관을 들여라. 사람들이 독서를 안 하고 신문을 안 읽어 신문사에서 오프라인 글 읽기 캠페인을 한 적이 있다. 그것은 아무 의미 없는 캠페인이었다. 대중이 독서를 안 하면 독서를 다시 하게 만들 생각을 할 게 아니라, 독서를 안 하는 시간에 뭘 하는지 관찰해야 한다. 책과 신문을 안 읽는 것뿐이지 글을 안 읽는 게 아니다. 모바일 세대가 콘텐츠 소비를 어떻게 하는지 파악하지 못하니 이상한 진단을 내려 엉뚱한 일에 힘을 뺀 것이다.

트렌드를 따라가라. 어떤 전문가들은 유행에 끌려다니지 말고 변화를 선도하라고 하는데 그런 것들은 애플, 구글, 페이스북, GE, 삼성이 해도 어렵다. 시대의 거대한 변화 속에서 개인은 한낱 먼지 같은 존재다. 대단한 능력이 있거나 유명인이면 자신이 일정 부분 주도할 수 있으나, 평범한 사람이 변화의 물결을 만드는 도전은 무모하다. 항상 시대가 요구하는 수요에 충족하는 방향을 찾아라. 자신만의 뚝심으로 새로운 길을 만드는 방법은 뛰어난 천재들에게 맡기자. 그리고 생존을 목표로 하라. 성공은 운이 있어야 하기에 운이 올 때까지 버틸 수 있어야 한다. 사업을 한다고 하면 시작하기도 전에 큰 그림부터 그리는 사람이 많은데 당장 100원이라도 매출 올릴 걱정을 해야 한다. 어떻게든 손익분기점을 넘겨 오래 살아남아야 한다. 끝까지 생존해 있으면 언젠가 운이 따라 성공할 기회가 올 수 있지만, 살아남을 수 없다면 운이 올 기회조차 잡을 수 없다. 너무 대단한 사람들을 롤모델로 삼으면 괴롭다.

빌 게이츠를 존경할 수는 있지만, 그가 했던 성공 방정식을 따라갈 수 없다. 오히려 주위에 '작은 성공', '소소한 성공'을 이룬 분들의 삶을 주목해보라. 그분들의 사고와 생활 방식, 사업 전략 등을 분석해보는 게 스티브 잡스의 성공을 분석하는 것보다 실질적으로 배울 게 훨씬 많다.

나는 생존을 위해 새벽 5시에 일어나서 2시간 이상을 독서하고 글을 쓰면서 배움에 힘썼다. 그렇게 독서하고 쓴 글을 SNS와 블로그에 공유했다. 최근에는 이 책을 쓰기 위해 새벽 4시에 일어났다. 처음에는 힘들었지만 블로그와 SNS에 게시물을 남기는 습관을 오랫동안 정착시켰다. 나중에 많은 사람들이 내 블로그와 SNS에 댓글을 남겼다. 나는 이번 사례를 통해 인내력과 끈기를 재확인하는 기회를 얻었고 무슨 일이든 오랫동안 추진할 수 있는 습관을 확립했다. 또한 사람들에게 나의 존재감을 각인시키는 기회도 얻었다.

탁월해지기 위해 시련과 역경을 이겨내기 위한 해결책을 마련해야 한다. 그러기 위해서는 역경 앞에서도 강인함을 유지해야 한다. 역경 앞에서도 회복력, 강인함으로 이를 잘 극복해내는 사람들이 있다. 바로 이런 사람들이 어려운 시련 앞에서도 잘 버텨낸다. 이런 사람들은 고통에 대해 완전히 초연할 수 있으며 역경으로 인해 주어진 과제를 극복할 수 있다는 사실도 알고 있다. 그래서 이들은 용기를 갖고, 어려운 환경 속에서 성장하기 위해 계속해서 노력하자는 주문을 반복한다.

회복력은 일상 속에서 어려운 일을 극복하는 정신이다. 회복력은 특히 사람들이 역경을 극복할 수 있는 특성을 연구하는 긍정 심리학에서 많은 관심을 받았으며, 정신 질환의 가능성을 증가시키는 어려운 상황에 대해 설명할 수 있는 이론들을 내놓았다. 심리학의 관점에서 극복할 수 있는 능력은 어려운 상황을 대면하고, 더욱 더 강해질 수 있는 능력이다. 회복력을 이야기하면 사랑하는 사람을 잃거나 큰 사고를 당하거나 부모로부터 학대를 받은 것과 같이 정신적으로 충격이 큰 사건을 떠올리게 하는 경향이 있다. 하지만 일상에서는 더 복잡한 사건에 직면하는 경우가 많다. 꼭 큰 사고일 필요는 없다. 상대방의 비난, 더 나은 사람이 되고자 하는 마음, 피곤한 하루 등 우리 모두는 저마다 힘든 상황이 있고 그것을 해결할 각자의 수단이 있다. 단지 발견하기가 어려울 뿐이다.

회복력이 있는 사람들 중에서는 가족들의 모범을 보고 배워 금방 극복하는 사람들도 있다. 그러나 살다가 스스로 문제를 해결하면서 방법을 터득한 사람들도 있다. 이런 사람들은 시행착오와 그들에게 있던 상처를 통해 더 강해졌다. 이는 누구든지 노력하고 연습한다면 극복하는 능력을 터득할 수 있음을 알려준다. 성공하기 위해서는 스스로의 생각과 감정을 적절하게 관리할 필요가 있다.

그들은 변화에 적응할 줄 안다. 회복력이 있는 사람들은 마치 갈대처럼 강한 바람 앞에서도 유연하게 대처할 줄 안다. 그들은 물살을 거슬러 올라가봐야 몸과 마음만 지칠 뿐이라는 사실을 알고 있다. 따라서 원치 않은 상황에 직면했을 때 개방된 마음을 갖기 위해 노력한다. 이들은 변화의 순간에 새롭게 적응하기 위해 갖고 있던 신념, 편견, 불안감 등을 떨쳐낸다. 하지만 이들은 체념하는 마음으로 적응하지 않고 단지 자신들이 좀 다르고 다른 세상에 살고 있다는 사실을 알기 때문에 금방 적응한다. 그들은 자신이 가진 힘을 믿는다. 이들은 자신감이 넘치는 사람들이다. 이들은 본인에게 무엇이 해로운지 알고 있고 본인이 느끼는 고통이나 행복은 모두 스스로를 돌보는 방식에 달려 있다는 사실을 이해한다.

회복력이 있는 사람들은 약점을 식별할 줄 알고, 필요할 때 사용할 수 있는 자신의 강점을 파악하고 있다. 이들은 본인이 지닌 동기부여, 힘, 능력 등을 통해 계속해서 앞으로 나아가기 위한 초석을 닦는다. 하지만 무엇보다도 이들은 스스로를 존중하고 그것이 다른 사람들과 건강한 관계를 맺기 위한 필수적인 단계라는 사실을 염두에 두고 있다. 그들은 수용이 곧 성장임을 안다. 회복력이 있는 사람들은 수용할 수 있어야 발전하고 변화하기 좋다는 사실을 안다. 환경을 받아들일 수 있을 때에만 그 환경을 향상시키기 위해 노력하게 되기 때문이다. 반대로 주어진 환경을 부정하는 것은 그 환경을 강화시킬 뿐이다. 잘 극복하는 사람들은 수용은 포기가 아니라 이해하고 맞서는 행동이라는 사실을 알고 있다.

그러면 시련과 역경을 극복하기 위해 해결책을 마련한 구체적인 사례는 어떤 것이 있을까?

31세까지 잡역부로 온갖 자질구레한 일을 하거나 트럭 운전을 하면서 살던 청년이 있었다. 그는 집안이 가난하고 빚이 많아서 대학교를 중퇴했다. 많은 사람들이 '찌질이'라고 부르던 남자였다. 하지만 그의 또 다른 모습은 영화광이었다. 게다가 그는 인문고전, 자기계발서, 실용서를 비롯한 엄청난 양의 책을 읽고 글을 쓰는 애독가였다. 그의 이력서에 적을 수 없었던 잠재력은 놀라운 상상력과 풍부한 예술적 감각이다. 그런 그가 가지고 있는 꿈은 영화감독이었다. 그는 잡역부로 온갖 일을 전전하다가 서른이 넘은 나이에 영화제작소에 취업했다. 일을 하며 틈틈이 완성된 시나리오를 단 1달러의 가격에 팔며 요구 조건을 걸었다.

"내가 이 영화의 감독이 되고 싶습니다."

그리고 〈터미네이터〉, 〈에일리언〉, 〈타이타닉〉, 〈아바타〉 등의 영화를 성공적으로 만들었다. 그는 바로 현재 지구 최고의 영화감독이라는 칭호를 받는 제임스 카메론이다. 처음에 사람들은 서른 살이 넘도록 변변한 일자리가 없던 그에게 아무것도 기대하지 않았다. 하지만 제임스 카메론 감독은 훗날 오스카상 수상대에서 이렇게 외쳤다.

"I'm the king of the world!"

보통 평범한 사람들은 조건, 배경이 그 사람의 인생을 대변할 수 있다고 착각한다. 하지만 자신의 배경, 조건이 볼품없다고 해서 본인의 미래까지 어둡지 않다. 자신만의 성공 프로세스를 만들어라. 그리고 배경, 조건으로 인한 시련과 역경을 극복하기 위한 해결책을 마련하라.

나의 모든 성장은 독서, 글쓰기, 책 쓰기에서 시작되었다. 나는 독서, 글쓰기, 책 쓰기를 하면서 점점 탁월해짐을 경험했다. 특히 인문고전을 많이 탐독했다. 의식 수준의 성장은 더 높은 의식 수준을 추구한다. 더욱 높은 수준의 책을 탐독하게 만든다. 이러한 성장은 예전에 볼 수 없었던 기회를 발견하게 만들었다. 나는 무엇을 하든 배울 점을 찾게 되었다. 또한 나에게 일어나는 모든 일이 긍정적이고 좋게 보이는 현상을 경험했다. 그리고 나의 모든 도전은 독서, 글쓰기, 책 쓰기에서 비롯되었다. 내 의식이 확장되면서 새로운 무언가에 도전하고 싶은 의욕이 생겼다. 도전해서 실패하든, 성공하든 나는 꾸준히 성장했다. 그래서 지금은 하루하루가 즐겁다.

그러므로 어떤 어려움에 직면하든 우리는 해결책을 찾아야 한다. 어려운 상황이 닥쳤다고 해서 포기해버리면 어떠한 일도 이루기 어렵다. 성공자들은 시련과 역경이 와도 동요하지 않고 해결책을 찾는다. 그리고 시련과 역경을 만나도 끈기 있게 파고들어 하나씩 해결한다.

5

자신만의 체계를 세워라

/

> 문제를 해결하는 힘은 새로운 정보를 얻는 데서 오지 않는다.
> 이미 오래전부터 알고 있던 것을 체계적으로 정리하는 데서 온다.
> — 작자 미상

자신만의 체계를 세우고 싶으면 인문고전 등의 책을 읽고 글을 쓰는 습관을 들여라. 남다른 독서, 글쓰기가 남다른 인생을 만든다. 흔히 불황이 닥치면 문화비 지출부터 줄인다는 사실이 정설이다. 그런데 최근 서점가에 특이한 흐름이 감지되고 있다. 지난해부터 철학과 역사 등 인문학 서적을 찾는 독자들이 부쩍 늘고 있다. 교보문고에 따르면 지난해 11월부터 올해 3월까지 인문학 서적의 판매 부수가 전년도에 비해 8.3%나 늘었다고 한다.

경제, 실용서와 자기계발서 판매는 조금씩 정체되고 있다. 경제가 날로 어려워지고 삶이 팍팍해지는 요즘에 인문학 독자가 늘어남은 한편으로 반가운 일이다. 돈을 벌거나 삶을 윤택하게 하기 위해 실질적이고 현실적인 방법 대신 자신의 삶을 근본적으로 바라보고 개선하려는 독자들이 늘고 있다는 반증이기 때문이다.

독서와 글쓰기는 온라인 게임, 오락, TV와 달리 활자를 읽고 상상하고 연상하는 등 두뇌 활동을 능동적으로 하게 만든다. 따라서 독서와 글쓰기를 많이 할수록 옳고 그름을 판단하거나 충동을 억제하는 고도의 정신 기능을 담당하는 전두엽이 발달한다. 실제로 체계적으로 독서 교육을 받으면 그다지 머리가 좋지 않은 사람도 천재적인 지성을 지닌 두뇌를 개발할 수 있다고 전문가들은 밝혔다.

나는 인문고전, 자기계발서, 실용서를 비롯한 다양한 책을 탐독하고 글을 쓰면서 사고 체계를 완성했다. 동료, 지인들이 온라인 게임, 오락, TV시청에 몰두할 때 독서, 글쓰기, 책 쓰기에 몰두했다.

어려운 책을 읽고 글을 써야 두뇌 운동이 된다. 무턱대고 아무 책이나 많이 읽는다고 해서 원하는 만큼 두뇌가 개발되지 않는다. 『여자라면 힐러리처럼』에서 존 스튜어트 밀의 천재 독서법을 소개한 이지성 작가는 철학 고전 독서가 두뇌를 놀랍게 변화시킨다고 주장한다.

초등학교 교사이기도 했던 그는 실제로 아이들에게 철학 고전을 3개월 정도 꾸준히 읽힌 결과 아이들의 사고 수준이 비약적으로 상승하는 것을 경험했다고 밝혔다. 또 스스로도 13년 동안 2,500여 권의 책을 읽으며 이 독서법을 실천했는데, "인류의 위대한 지적 유산인 철학 고전을 비롯한 각종 고전 100권을 달달 외울 정도로 읽고 글을 쓰면 나중에는 위대한 고전 저자들의 사고 능력이 두뇌 깊은 곳에 서서히 자리 잡아 사고 체계가 송두리째 바뀌는 현상을 경험할 수 있다."라고 밝혔다.

『뇌, 생각의 출현』을 쓴 박문호 박사도 뇌를 자극하기 위해서는 어려운 책을 읽어야 한다고 주장한다. 그는 한 번만 읽어도 되는 책보다는 적어도 다섯 번 이상 읽어야 하는 책을 선택하라고 권하고 "책을 읽을 때는 그냥 읽지 말고 온몸을 던져서 읽으라."고 당부한다. 그렇게 책을 읽다 보면 어떤 때는 한 문장을 가지고 한 달 넘게 생각해야 하는 경우도 있는데, 그런 지적 탐구를 통해 두뇌가 깊은 사고 체계를 확립한다.

남들이 다 읽는 책만 읽고 베스트셀러 위주의 독서와 글쓰기만 하는 사람은 절대로 남다른 생각을 할 수 없다. 감성만 만족시키는 책, 읽기에 너무 쉽고 편안한 책들도 마찬가지다. 자신의 두뇌에 사고의 혁명을 일으키고 싶다면, 남다른 독서를 해야 한다. 남들이 감히 읽을 엄두도 내지 못하는 책을 체계적으로 읽으면 500년, 1,000년 묵은 지혜의 산삼을 우리의 두뇌가 지속적으로 맛보는 효과가 나타날 것이다. 결국 독서는 자신의 삶을 근본적으로 변화시키는 두뇌 혁명을 일으키는 가장 좋은 방법이다.

머리가 그다지 좋지 않은 사람이 독서, 글쓰기를 통해 천재적인 지능을 개발한 사례는 다음과 같다.

윈스턴 처칠은 유년 시절에 책을 읽을 줄 모르는 아이였으며 학창시절에 전교 꼴찌를 도맡던 문제아였다. 하지만 꾸준한 독서와 글쓰기를 통해 독보적인 사고 체계를 완성했고, 그 결과 인류사에 길이 기억될 업적을 남겼다. 처칠은 영국 최고 가문의 딸이던 어머니의 특별한 독서 지도를 받은 결과 서서히 변하기 시작했다. 어머니는 처칠에게 하루도 빼놓지 않고 매일 5시간씩 독서와 글쓰기를 하도록 시켰다. 독서법의 핵심은 2권 중 1권은 철학 고전을 읽고 글을 쓰는 것이었다. 그러기를 10여 년이 지나자 처칠은 친구들이 흉내내지 못할 정도의 독보적인 사고 능력을 갖게 되었고, 20대 중반에 국회의원에 당선되었다. 그리고 다양한 전략을 구사해 국회를 장악하더니 결국 영국의 수상이 되었다.

에디슨은 초등학교 시절 지역 교육청에 저능아로 공식 보고된 인물이다. 하지만 남들과는 다른 독서, 글쓰기를 통해 자신만의 입체적인 사고 체계를 완성시켜서 훗날 위대한 발명가가 되고 세계적인 기업 '제너럴 일렉트릭'(GE:General Eletric)의 창업주가 되었다.

에디슨의 부모는 아들이 학교에서 공부할 만한 능력이 없다는 사실을 깨끗이 인정하고 학교의 권고에 따라 아들을 자퇴시켰다. 하지만 에디슨의 어머니는 엘리트 여성이었다. 미국에서 여성 참정권이 인정되기 80여 년 전에 이미 공립학교 교사 자격증을 갖고 있었던 어머니는 자신의 전 생애를 걸고 에디슨을 교육시키겠다고 결심했다.

어머니의 독서와 글쓰기 지도를 착실하게 따른 에디슨은 약 10년이 지나자 발명왕으로 세상에 이름을 알리기 시작했다. 하지만 에디슨은 우리가 알고 있는 사실처럼 단순한 발명왕에 그치지 않고 오늘날 세계 초일류 기업의 선두를 달리고 있는 GE의 창업주가 되었다. 에디슨이 발명가인 동시에 자수성가한 재벌 기업가가 될 수 있었던 이유는 인문고전, 자기계발서, 실용서 같은 책들을 탐독하는 독서 습관과 글쓰기 교육을 통해 입체적인 사고 능력을 기를 수 있었기 때문이다.

천재적인 과학자 아인슈타인도 초등학교 때 저능아 판정을 받았다. 그 후 어머니에게 독서, 글쓰기 교육을 받은 그는 15세가 되기 전에 기본적인 철학 고전을 섭렵하면서 글을 썼다. 그는 젊은 시절, 책을 토론하는 독서 클럽을 만들었을 정도로 열렬한 독서 실천가였다. 그리고 20대 중반에 후일 노벨상을 수상하게 될 논문을 완성했다.

이들뿐만이 아니다. 인류사에 위대한 업적을 남긴 사람들 중 많은 이가 남들과는 다른 독서를 통해 자신만의 사고 체계를 완성시켰다. 신분

사회였던 시대에 사생아로 태어난 레오나르도 다 빈치는 정식 학교 교육을 받지 못했지만 플라톤과 아리스토텔레스의 저서를 읽고 사고 체계를 확립한 뒤 이를 예술 세계에 접목시켰다. 과학자 아이작 뉴턴도 교장 선생님이 전수해준 고전 독서 교육을 꾸준히 실천한 결과, 위대한 과학적 발견을 이룰 수 있는 두뇌 체계를 완성할 수 있었다. 미국 부동산 재벌 도널드 트럼프는 매일 새벽 5시에 일어나 3시간 동안 독서와 글쓰기를 한다.

중요한 사실은 이들이 원래부터 독서를 즐기는 똑똑한 사람은 아니었다는 점이다. 그들은 저능아로 불리고 가능성이 없다는 신랄한 판정을 받았지만 꾸준한 독서를 통해 자신만의 뛰어난 사고 체계를 완성했고, 그 결과 인류사에 길이 기억될 업적을 남겼다.

독서와 글쓰기를 더 깊게 즐기면서 뛰어난 사고 체계를 완성하는 또 다른 방법은 무엇일까? 바로 독서 토론이다. 독서 토론은 단순히 책 속의 정보만 접하는 게 아니라 나와 다른 생각을 지닌 사람의 입장에 서보는 기회를 제공한다. 그러나 안타깝게도 우리나라는 독서 토론 문화가 그다지 활발하게 정착되어 있지 않다. 하지만 전혀 없는 것도 아니다. 인터넷 카페를 검색해보면 독서 토론을 하는 모임을 여럿 만날 수 있다. 인문학과 자연과학의 사고 체계를 넓힐 수 있는 독서 토론 모임에 가입하여 독서와 글쓰기 수준을 극대화하라. 독서와 글쓰기를 하고 남는 여유 시간에 독서 토론까지 하면 자신만의 뛰어난 사고 체계를 빠르게 완성할 수 있다.

6

저자들의 지혜를 훔쳐라

/

인생에서 가장 소중한 것은 고수에게서 훔쳐라.
– 파블로 피카소

어떻게 하면 저자들이나 위대한 사람들의 뛰어난 지혜를 훔칠 수 있을까? 위인들은 하나같이 작가들이나 경쟁자들의 지혜를 훔치면서 자신만의 영감을 기록하고 새로운 것을 떠올리라고 말했다. 모방하든 창조하든 작가, 경쟁자, 크리에이터들의 지혜들을 훔치고 각색하여 자신의 능력으로 만들어야 한다. 비즈니스에서 이런 일들은 흔하게 일어난다. 고품질은 비즈니스의 핵심이며 본질이라고 할 수 있다. 하지만 품질을 월등히 좋게 하려면 매우 어렵다. 말처럼 쉽지 않다. 다행스럽게도 하늘 아래 전혀 새로운 창조는 없다는 말이 있다.

흔히 모방은 창조의 어머니라는 표현을 많이 쓴다. 또 모방의 가치를 나타내는 표현으로 유에서 유를 창조한다는 말이 있다. 결국 경우에 따라 모방이 혁신보다 뛰어난 기술이 될 수 있음을 의미한다.

예술을 언급하면서 폴 고갱은 '예술을 표절이거나 혁명'이라고 말했다. 지금처럼 창조가 중요시되는 4차 산업혁명 시대에는 이 말의 의미가 더욱 크게 다가온다. 아이러니하게도 '창조'와 '모방'은 완전히 상반되는 단어이지만 오늘날에는 이 두 단어를 융합하는 능력이 성공을 좌우한다. 그건 과언이 아니다. 말하자면 모방을 하든 창조를 하든 콘텐츠, 제품, 서비스의 품질을 높여서 충성고객, 독자를 만드는 행동이 바로 이 시대 경영자, 기술자, 작가, 크리에이터의 자세다.

미국의 첨단 산업단지 '실리콘밸리'는 아이디어를 공유하고 경쟁사의 제품을 베끼고 각색하는 능력이 매우 뛰어나다. 아이디어의 공유와 모방은 '실리콘밸리'가 미국 기술 산업계에 가장 거대한 이익을 제공하는 방식이다.

실례로 스티브 잡스는 아이패드가 애플의 노트북 판매를 감소시키지 않을지, 아이폰의 음악 플레이어가 아이팟 구매를 줄이진 않을지 걱정하지 않았다. 경쟁사들이 애플의 기술을 모방하는 동안에도 애플은 더 빠르게 앞으로 움직였다.

평소에 스티브 잡스는 피카소의 "평범한 크리에이터는 창조한다. 유능한 크리에이터는 모방하고 위대한 크리에이터는 훔친다."라는 말을 자주

인용했다. 그 말처럼 스티브 잡스는 전혀 새로운 것을 만들어내지 않았다. 단지 서로 다른 사물과 현상을 연결했을 뿐이다.

실리콘밸리에서는 모두 가장 뛰어난 모방꾼들이기 때문에 경쟁사를 모방꾼으로 고소하지 않는다. 아무튼 스티브 잡스의 창의력은 창조하지 않았고 다양한 아이디어를 서로 연결하는 방식에서 나왔다. 그는 다양한 지혜를 모으고 각색하고 연결하여 창의적인 아이디어를 완성했다. 역사의 산물인 예술과 인류를 이해하는 인문학에의 관심이 스티브 잡스에게 보이지 않는 창의력을 전해주었다.

스티브 잡스는 자신의 입장을 이렇게 이야기한다.

"인류는 지금까지 만들어놓은 것 중에서 최고의 것을 발견해내고 각색하여 그것을 자신이 하고 있는 일에 접목시킬 줄 아는 지혜가 필요하다. 우리는 훌륭한 아이디어를 훔치는 일에 더욱 과감해져야 한다."

이런 언급으로 본다면 스티브 잡스의 창의력은 무에서 유를 창조하는 능력이 아니라 서로 관계없는 것을 연결시키는 능력이다. 결국 연결이 새로운 창조물을 만들어낸다는 의미로 잡스가 없었어도 다른 누군가가 아이폰을 만들어냈을 거라는 추측이 가능하다. 한 분야에서 세계 일류가 되고 싶으면 창조하든, 훔쳐서 모방하여 각색을 하든 본인의 능력을 최고로 만들어야 한다. 그런 측면에서 짝퉁을 만드는 수준에서 세계 정상급 업체로 성장하는 중국 기업들 중에서 텐센트의 마화텅 회장이 하는 이야기는 경청할 만하다.

"사실 우리는 외국의 모델을 모방했다. 하지만 남들이 고양이를 보고 고양이를 그릴 때 우리는 고양이를 본뜨고 각색하여 호랑이를 그렸다."

마화텅 회장의 당당함을 거론할 필요는 없다. 제품이든, 상품이든, 지식재산이든 모든 아이템의 고품질은 누군가의 불편함을 해소하거나 필요한 해결책을 제공하기 위한 아이디어를 찾는 과정에서 출발한다. 앞으로는 모방과 창조의 경계가 모호해진다. 특히 4차 산업혁명 시대에는 이 점이 더욱 심화될 것이다.

나는 책을 쓸 때 작가들의 생각을 각색하여 나의 방식으로 푼다. 이는 독서와 글쓰기 습관을 통해 배우게 된 부분이다. 특히 인문학, 자기계발서, 실용서를 탐독하고 글을 쓰면서 저자들이 말하고자 하는 생각을 들여다보는 시간을 가졌고 저자들의 생각에 내 생각이 덧입혀지는 현상을 경험했다. 그래서 그들의 생각이나 영감, 아이디어를 각색하고 재생산하는 시간을 많이 가졌다.

현대 사회에서 보편적인 경쟁 방법은 경쟁자, 라이벌을 물리치는 방식이다. 하지만 그 반대의 경우도 있다. 어떤 경우일까? 바로 차별화와 함께 크리에이터, 작가, 경쟁자들의 장점을 모방하고 각색하면서 같아지려고 노력하는 경우이다.

코카콜라와 펩시콜라라는 두 세계적인 기업의 경쟁은 다른 기업 간의 경쟁과는 조금 다른 양상을 보인다. 마치 톰과 제리처럼 서로를 바짝 뒤쫓으며 술래잡기를 하지만 절대 너무 멀리 뒤처지지 않는다. 그 결과 한 회사가 앞서가면 다른 회사가 바짝 그 뒤를 추격한다. 하지만 절대 상대 회사에 대해 치명적인 타격을 가하지는 않는다. 그렇게 두 회사는 오랫동안 어느 한쪽의 승리보다는 위대한 기업이 되기 위해 서로 자극했다. 신제품이나 새로운 유통채널을 개발하는 방법들은 차별화를 시도했지만 동시에 상대방과 같아지려고 노력했다.

더 구체적으로 그들의 모방과 혁신에 대한 사례를 살펴보자. 코카콜라가 1980년대부터 설탕 대신 가격이 더 낮고 과당이 더 높은 옥수수 시럽을 사용하자 펩시 역시 3년 후에 이를 뒤따랐다. 다시 펩시가 1984년에 2L 크기의 병을 도입하자 코카콜라도 4개월 후에 뒤를 따랐다. 또한 한쪽에서 무 카페인의 이점을 강조하는 성공적인 광고 캠페인을 실행하자 상대방도 무 카페인 제품을 출시했다. 1988년에 당시 펩시의 CEO였던 로저 엔리코는 이런 일련의 과정에 대해 이렇게 말했다.

"경영은 피를 흘리지 않는 지속적인 경쟁으로 보아야 한다. 가령 코카콜라가 없었다면 펩시콜라는 독창적이고 활기찬 경쟁자가 되기 어려웠다. 그들이 성공을 거둘수록 우리는 더욱 기민해져야 했다. 코카콜라가 없었다면 우리는 누군가가 그런 회사를 만들어주기를 염원했을 것이라고 생각한다."

나는 모방이 없는 창작, 개발은 허구라는 결론을 내렸다. 작가, 기술자, 연구원, 크리에이터처럼 어떤 것을 창작하고 개발하는 사람이라면 '모방은 창조의 어머니'라거나 '하늘 아래 완전히 새로운 것은 없다.' 같은 상투적인 격언을 종종 듣는다. 개인적으로는 수없이 들어왔던 말이라 상투적임을 넘어서 진부하기까지 하지만, 비틀어 생각해보면 상투적이거나 진부하다는 말은 그만큼 사람들의 입에 오르내려 이제 당연한 사실이 되었다는 것이다.

앞서 언급한 격언들은 선대의 지식재산을 끊임없이 습득해야만 그것을 넘어 새로운 창조물을 만들어낼 수 있음을 의미한다. 다시 말하면 모든 개발, 창작 행위는 선대의 지식재산에 빚지고 있다는 말이다. 창작 행위는 어떤 사람들이 그동안 경험했던 모든 지식재산을 재료로 삼아 자신의 개성을 통해 하나의 창작물로 재창조하는 작업이다. 즉 대부분의 뛰어난 작가, 크리에이터, 기술자는 앞서 길을 닦아놓은 선대들의 작품, 지식재산을 보면서 성장하고 또 뛰어넘기도 한다.

7

끝없는 사색을 하라

/

독서는 정신적으로 충실한 사람을 만든다.
사색은 사려 깊은 사람을 만든다. 그리고 논술은 확실한 사람을 만든다.
– 벤자민 프랭클린

인문고전을 비롯한 책들은 매력적이다. 매력적인 책은 향기를 낸다. 그것은 책이나 사람이나 비슷하다. 독서, 글쓰기는 사람을 사귀는 행동과 비슷하다. 금방 친해지는 책이 있고 천천히 깊어지는 포도주 같은 책도 있다. 존경하는 스승처럼 위엄 있는 책도 있다. 운명적인 사랑처럼 그렇게 다가오는 책도 있다. 그런 책은 파트너처럼 온다.

내가 파트너를 처음 봐도 금방 알아보듯이 그런 책은 읽지 않아도 단번에 알아볼 수 있다. 나는 1년에 100권의 책을 대충 읽지 말고 파트너 같은 책 36권을 깊게 봐야 한다고 느꼈다. 독서와 글쓰기를 하는 데 양보다 질을 우선시해야 한다.

가장 좋은 독서를 하기 위해서는 즐겨야 한다. 독서를 즐기면 어떤 책을 자기 마음대로 읽어도 부족함이 없다. 이런 경지에 오르려면 읽는 사람과 그 책이 통해야 한다. 어떻게 읽어도 즐길 수 있을 정도가 되면 독서법은 이미 사라진다. 그러나 초기의 독서는 끄집어내고 발견해내서 그것을 가져가는 과정이다. 이것은 힘껏 읽고 노력하고 참는 독서이다. 깨달음은 땀과 함께 온다. 독서와 글쓰기에는 정성과 인내가 필요하다. 책을 잘 읽고 글을 쓰려면 매일 일정한 시간에 독서와 글쓰기를 해야 한다. 그것만큼의 좋은 방법은 없다. 그런 하루가 쌓이면 독서, 글쓰기를 즐길 수 있게 된다. 어떤 책을 극복하면 즐길 수 있고 즐길 수 있으면 그 책의 진수를 터득할 수 있다. 그러나 극복하지 않으면 즐기기 어렵다. 그러니 힘껏 읽어야 한다. 많이 읽다 보면 생각의 넓이와 깊이 둘 다 확장되는 순간이 온다. 많은 생각으로 읽다 보면 독서량이 늘어나는 시기가 온다. 사람마다 다르지만 지속적으로 읽는 사람은 두 경우 중 하나를 겪는다. 많이 읽는 사람은 생각에 더 힘써야 하고, 생각이 깊은 사람은 독서량에 신경을 기울여야 한다.

12세기 프랑스의 시토교단 수도자이자 신비주의자인 베르나르 폰 클레르보는 "사색 없는 독서는 위태롭고 독서 없는 사색은 방황하게 만든다."라고 말했다. 생각과 독서는 손잡고 함께 춤춰야 한다. '앞으로 뒤로 한 바퀴 돌고 옆으로, 파트너를 바꿔서 다시 앞으로 뒤로…' 독서의 즐거움은 춤추는 즐거움과 비슷하다. 한때 빠르고 무지막지하게 읽은 적이 있었다. 그저 읽은 책의 목록을 늘리는 데 급급했다. 나는 그 행동이 어리석었음을 나중에 깨달았다. 책은 알맞은 속도로 읽어야 한다. 속독의 힘을 알지만, 그것은 다치바나 다카시처럼 내공이 쌓인 사람에게나 해당되는 말이다.

속독과 속해를 혼동하는 사람들이 있는데, 속독이 속해는 아니다. 속독의 장점은 속도와 집중력의 증진에 있다. 이해가 목적인 독서라면 속도보다는 정신적 흐름이 더 중요하다. 독서의 목적, 책의 성격과 난이도에 따라 읽는 속도를 달리할 수 있어야 한다. 책을 효과적으로 읽기 위해서는 너무 빠르게도 너무 느리게도 읽지 말아야 한다. 나는 깊이 있는 독서가 넓은 독서로 연결되는 경험을 할 수 있었다. 정독이 다독을 부른다. 천천히 읽는 독서법이 느리게 읽는 독서법은 아니다. 그것은 깊이 읽으며 넓게 읽는 방법이다. 깊이와 넓이는 상극의 관계가 아니라 같이 간다.

그리고 위인들이 가진 통찰력의 근원은 끊임없는 독서와 글쓰기, 사색이다. 입만 열면 인문고전의 글귀들을 줄줄 읊고 손에 붓만 잡으면 일필휘지로 인문고전의 내용을 쭉쭉 써대지만 그 안에 담겨 있는 천재들의 혁명적인 사상과 삶을 전혀 알지 못해 삶에 아무런 발전이 없고 세상에 어떤 기여도 하지 못하는 사람이 되면 곤란하다. 다섯 수레의 책을 술술 암송하면서도 그 의미는 전혀 모르는 사람이 있는 이유는 사색하지 않았기 때문이다. 독서, 글쓰기, 사색은 인간을 정신적으로 충실하고 심오하게 해줄 뿐만 아니라 영리한 두뇌를 만들어준다.

조선시대 지식인이었던 성호 이익과 윤휴는 각각 다음과 같이 말했다.

"단지 과거를 치르기 위해서 공부하는 사람은 입술이 썩고 이가 문드러지도록 책을 읊어도, 희고 검은 것에 대해 말할 줄만 알 뿐 그것이 무엇인지는 모르는 장님처럼 되고 만다."

"책을 읽으면 사색해야 많은 것들을 얻을 수 있다. 만일 사색하지 않으면 아무것도 얻을 수 없다. 사색한 것은 글로 기록해야 한다. 그러지 않으면 사라지기 때문이다. 사색하고 기록한 뒤 다시 사색하고 해석하다 보면 깨닫고 알게 되어 언행이 두루 통하게 된다. 만일 이 과정을 거치지 않으면 설령 깨닫고 아는 것을 얻을지라도 도로 잃게 된다."

또한『논어』를 읽다 보면 이런 구절이 나온다.

"배우기만 하고 사색하지 않으면 얻는 것이 없고, 사색만 하고 배우지 않으면 위태롭다."

독서와 글쓰기의 핵심은 읽고 외우고 기록하고 사색하는 행동이다. 서양의 천재들도 이구동성으로 말했다. 독서와 글쓰기의 핵심은 단순히 눈으로 읽고 입으로 외우고 손으로 베껴 쓰는 게 아니라 마음과 영혼으로 읽어서 깨달음을 얻는 '사색'이라고.

프랜시스 베이컨은 "독서는 오로지 사색하고 연구하고 기록하기 위해서 하는 행동이다."라고 말했다. 한편 존 로크는 "독서, 글쓰기는 단지 지식의 재료를 얻는 수단에 불과하다. 그 지식을 자신의 소유로 만드는 행동은 오직 사색이다."라고 했다.

사색 없는 독서, 글쓰기는 전혀 씹지 않고 삼키기만 하는 식사와 다를 바 없다. 독서와 글쓰기는 사색의 대용품이다. 앨빈 토플러도 자신이 가진 통찰력의 근원이 끊임없는 독서와 글쓰기, 사색이라고 말했다.

니체는 끊임없는 독서, 글쓰기, 사색으로 쇼펜하우어와 상상의 대화를 하는 지경까지 이르렀다. 그는 어려운 일이 있을 때면 마치 기도를 하듯이 "쇼펜하우어, 나를 도와주세요!"라고 중얼거리는 습관이 있었는데 나중에는 힘들고 지칠 때마다 쇼펜하우어의 초상화를 보면서 자신을 달래는 수준으로까지 발전했다고 한다.

14세기에 이탈리아의 시인 페트라르카는 하루 종일 인문고전을 읽고 기록하고 사색하면서 시간을 보냈는데 호메로스, 키케로, 세네카, 호라티우스, 베르길리우스 같은 고대 로마 작가들에게 편지를 썼다. 결론적으로 유령과 소통하면서 사색을 한 셈으로 말년에는 아우쿠스티누스 같은 인문고전 저자를 만나 직접 대화를 나누는 수준으로까지 발전했다

이처럼 천재들은 인문고전 같은 책을 읽고 글을 쓰면서 끝없는 사색에 잠겼다. 그리고 사색의 와중에 머리를 치는 깨달음을 얻었다. 그리고 그 깨달음을 기록했다. 나는 독서와 글쓰기를 하면서 사색하는 인생이 남다르다는 결론을 내렸다. 안다는 것과 여러 조건을 통해 스스로 깨닫는 것은 엄연히 다르다. 아는 것은 깨닫기 위한 조건에 불과하다. 학자는 타인이 남긴 책을 모조리 읽어버리는 소비자이며, 사상가는 인류를 계몽하고 새로운 진보를 확신하는 생산자라고 표현할 수 있다. 그러므로 독서와 글쓰기는 개인적인 사색의 대용품에 지나지 않는다. 독서는 사상을 유도하는 역할로 충분하다. 그리고 책의 효용성을 비유하자면, 우리가 지도를 통해 앞으로 얼마나 많은 미로를 거쳐야 하며 어떻게 그 미로에서 빠져나올 수 있는지를 미리 짐작할 수 있는 것과 같다. 여기서 우리는 명심해야 한다. 그것은 나만의 고유한 사색으로 어떤 진리에 도달했다면, 비록 그 내용이 앞서 다른 책에 기재되었을지라도 타인의 사상과 바꿀 수 없는 소중한 체험이라는 점이다.

8

깨달음을 노트에 기록하라

/

기록이 없으면 역사도 없다.
— 작자 미상

인문고전 등을 읽은 후에 얻은 지식, 깨달음을 오래 간직할 수 있는 방법은 없을까? 책을 읽은 후 이를 정리하지 않으면 나중에 내용을 잊어버리고 그 책을 읽었는지조차 기억나지 않을 때가 많다. 노트, 일기에 책제목을 기록하는 행동만으로는 충분하지 않다. 기억이 나지 않으니 시간과 노력을 쏟아 책을 읽는 의미가 무엇인지 의문을 가질 때도 있다.

『서평 쓰는 법』의 저자 이원석은 서평을 써야 비로소 독서가 완결된다고 말했다. 읽은 책을 막상 자신의 글로 정리하려고 하면 글쓰기의 두려움에 부딪히기도 하지만, 자신이 책에서 읽고 깨달은 점이 무엇인지 차근차근 적어나가면 책에 대한 자신의 이해와 해석을 정리할 수 있다. 자신의 내면도 들여다볼 수 있다. 이원석 작가는 서평 쓰기의 종결은 삶을 통한 해석이자 실천이라고 표현했다. 저자는 자신의 본격적인 글쓰기 또한 서평에서 비롯되었다고 고백했다. 책을 사랑하는 마음을 다른 사람들과 나누고자 서평을 쓰기 시작한 저자는 서평을 '소통을 위한 장'이라고 말했다. 책을 이미 읽은 독자를 비롯해 앞으로 그 책을 읽을지도 모르는 잠재 독자들도 서평을 통해 소통할 수 있기 때문이다. 따라서 서평은 쓰는 사람과 읽는 사람 모두의 삶을 바꿀 수 있는 작업이라고 할 수 있다.

그는 서평의 본질을 꼼꼼하게 살핀 후 서평 쓰는 법까지 체계적으로 정리했다. 또한 여러 종류의 책과 서평을 다채롭게 인용하고 비교해 보여준다. 그는 일단 써보라고 권한다. 생각한 게 어색하고 짧더라도 먼저 쓴 후 고치는 과정을 반복하면서 다시 생각하게 된다고 알려줬다. 좋은 서평을 읽고 참고하고 자신의 서평을 다듬으면서 사고를 완성해 나갈 수 있다. 서평을 쓰면 책 읽기의 본질을 가장 효과적으로 구현할 수 있다. 이원석 작가는 성숙한 민주주의 사회라면 모두가 책을 읽고 서평을 써야 한다고 굳게 믿는다. 지적 기초 체력을 유지하고자 한다면, 자신이 지적으로 독립된 존재라는 걸 증명하고 싶다면 독서 후에 서평을 쓰자.

독서와 서평 같은 기록은 마땅히 친구가 되어야 한다. 임마누엘 칸트는 『순수이성비판』을 57세에 썼고, 『판단력 비판』은 66세, 『종교론』은 69세에 완성했다. 찰스 다윈은 50세에 『종의 기원』을 썼고, 『인간의 유래』는 62세에 썼다.

학습과 자료가 축적되면 개인 차원의 지식 관리로 발전할 수 있다. 자료의 축적과 지식 관리의 바탕은 기록이다. 기록되지 않은 지식, 어떤 형태로든 표현되지 않은 지식은 십중팔구 잊혀진다. 그러니 '나만의 독서노트'를 작성하라. 독서노트는 다양한 틀로 구성할 수 있다. 책의 핵심 내용과 읽으면서 좋았던 부분을 인용하고 자신의 생각과 아이디어를 포함시켜라. 쉽지 않겠지만 저자의 관점에서 쓰면 사고의 확장에 큰 도움이 된다. 정리하면 독서노트는 '인용(3쪽) + 소감(2쪽) + 저자 되기(1쪽)' 식으로 정리하면 실용적이고 탄탄하다.

그럼에도 불구하고 독서에는 관심이 많지만 서평 같은 글쓰기에는 관심이 없는 사람들이 많다. 나는 그런 사람들에게 이렇게 말한다. "서평은 책과 친해질 수 있는 유일한 방법이다." 서평 쓰기는 책과 친해질 수 있는 훌륭한 길이다. 서평을 쓰면 글쓰기가 향상되고 논리가 생긴다. 글의 순서를 나누는 방법도 알게 되고 글의 짜임새도 좋아진다. 위에서 언급한 이원석 작가처럼 서평으로 작가가 된 사람도 있다.

꾸준한 서평은 독자들에게 신뢰감을 얻을 수 있다. 그러다 보면 나아가 작가의 글을 내 것으로 만드는 능력도 생긴다. 서평을 안 쓰면 독서의 효과가 반감된다. 우리의 기억은 한계가 있기 때문에 한 달만 지나면 독서했던 많은 내용을 잊어버린다.

그러므로 서평을 쓰는 습관은 진짜 공부를 하게 만든다. 몰입 독서가 가능해지는 비결은 바로 서평을 쓰는 데 있다. 작가가 되려면 독서가 기본이며 서평은 옵션으로 해야 한다. 서평은 작가들에게도 도움이 된다. 자신의 작품을 읽고 반응해주는 독자들이 많을수록 작가들은 자신의 글에 대해 자신감도 얻고 소통의 공감대를 형성할 수 있다. 다음 작품을 고려할 때 독자들의 생각도 반영할 수 있다. 서평은 작가와 독자를 잇는 징검다리와 같다. 자신의 글을 공감해주는 독자를 만날 때 작가들은 행복을 느낀다.

결국 독서와 글쓰기를 통한 기록의 축적이 자신을 변화시킨다. 나는 독서, 글쓰기를 통해 얻은 생각을 주변에 알리기 위해 꾸준히 말하고 기록한다. 또한 타인의 생각을 읽어 생각의 발전을 꿈꾸고, 타인의 의견을 들어 내 행동의 변화를 기대한다. 당신은 지금 어떤 사람으로 사는가? 남의 생각에 맞춰 행동하는 삶을 살고 싶지 않으면 지금부터라도 내 생각을 말하고 기록해야 한다. 독서와 글쓰기를 하면서 떠오르는 생각, 느낌, 단상들을 모두 기록하라. 그런 기록이 당신을 생각하고 행동하게 만든다. 당신을 변하게 한다. 당신이 변하고 싶다면 지금이 가장 빠르다.

그러면 좋은 서평을 쓰면서 깨달음을 기록하는 방법에는 무엇이 있을까? 책 읽기가 먹는 행위라면 서평 쓰기는 음식이 가지고 있는 영양분을 흡수시키는 일이다. 어떤 독자들은 책을 읽고 나면 아무것도 생각나지 않는다고 하소연하기도 한다. 돈을 주고 책을 샀고 시간을 내서 읽었는데 아무것도 남는 것이 없어서 아쉽다고도 한다. 책을 읽은 것을 자랑하고 싶지는 않지만 뭔가 기록장 같은 흔적을 남기고 싶은 사람도 있다. 특히 학생들이라면 더욱 그렇다. 이런 사람들에게는 서평이 중요하다. 서평 쓰기에 정답이나 왕도가 없다. 일기처럼 자신의 방식대로 쓰면 그만이다. 서평을 다른 사람에게 보여야 한다면 사정은 달라진다. 인터넷 서점의 홈페이지나 블로그 또는 인터넷 뉴스 매체에 기고하는 경우는 당신의 서평은 더 혼자만의 글쓰기가 아니다. 당신이 쓴 서평을 읽는 사람에게 공감을 받고 가능하면 많은 사람이 읽어야 하지 않겠는가?

좋은 서평을 쓰기 위해서는 우선 읽고 나서 좋았던 책에 관해 써야 한다. 물건을 팔 때도 자기가 써보고 좋았던 것을 팔아야 잘 파는 법이다. 서평에도 진정성이 중요하다. 물론 읽고 나서 실망한 책을 비판하는 서평도 중요하다. 다른 독자가 그 책을 사지 않게끔 방지해주지 않는가? 나의 경우는 읽고 나서 재미있고 감동적이고 새로운 지식을 주는 책에 대해 서평을 쓰는 것이 더 즐겁고 쉬웠다. 어떤 책을 읽고 나서 큰 감동과 재미를 느꼈다면 굳이 글쓰기 실력이 뛰어나지 않더라도 좋은 서평이 될 확률이 높다. 자신이 그 책을 읽고 나서 느낀 감정이나 변화를 있는 그대로 기술해도 충분히 다른 사람의 공감을 얻는다.

좋은 서평이 되기 위해서는 독자들에게 정보를 주어야 한다. 무작정 그 책이 좋다고만 한다면 설득력이 있지 못한다. 아내와 딸더러 예쁘다고 하면 어디가 예쁘냐고 되묻듯이 서평을 쓸 때도 그 책이 좋으면 그 책의 무엇이 좋은지를 밝혀야 한다. 책 내용의 전부를 요약할 필요는 없다. 특별히 감동적이었다거나 좋았던 구절을 인용하는 것만으로도 '책 광고하니?'라는 비아냥을 피할 수 있다. '이 책은 참 좋다.'라고 쓰지 말고 '이 책은 이런 내용이 좋다.'라고 써야 한다. 당신이 쓴 서평을 읽은 독자가 사소한 내용이라도 새로운 지식이나 정보를 얻도록 해야 한다. 정보를 주지 않고 추상적인 칭찬만 늘어놓으면 책장사가 되는 것이고 정보를 주면 훌륭한 독서 멘토가 된다는 사실을 잊지 말아라.

서평은 생활 속의 에피소드로 시작함이 좋다. 누구나 서평은 딱딱하다고 생각한다. 틀린 말이 아니다. 누구나 겪을 수 있는 생활 속의 에피소드로 서평을 시작한다면 서평을 읽는 사람들은 당신이 쓴 서평에 쉽게 빠져든다. 물론 그 에피소드는 당신이 소개하려는 책과 조금이라도 연관이 있어야 하겠다. 요즘 독자들은 인내심이 뛰어나지 않다. 한두 줄 읽어보고 아니다 싶으면 더 읽지 않는다. 물고기에게 미끼를 던지는 것처럼 당신이 쓴 글을 읽을 독자들에게 편안한 소재라는 미끼를 던져야 한다.

아무리 좋았던 책이라도 한두 가지의 단점은 적어야 한다. 사실 필자도 잘 실천하지 못한다. 당신이 쓴 서평이 칭찬만으로 가득하면 독자들은 당신이 공정하지 않다고 생각하기 쉽다. 그 책을 낸 출판사와 인연이 있다든가 영업 담당자라고 생각할 수도 있다. 당신이 이 책은 꼭 다른 사람이 읽었으면 좋겠다는 생각이 들 때는 찬사 수준의 칭찬 8할에 사소한 비판 2할을 적어라. 사소한 비판이라면 글자가 너무 작다든가 사진이 좀 더 많았으면 좋겠다는 내용을 말한다. 그 책이 훌륭한 내용을 담고 있다는 본질을 깨뜨리지 않는 지적은 오히려 당신이 쓴 서평이 공정하다는 인상을 준다.

그러므로 독서를 통한 깨달음을 서평으로 기록하는 행동은 진정한 독서를 실천하는 일이다. 나는 독서노트에 기록한 지식, 깨달음을 SNS, 블로그에 게시물로 업로드해서 공유한다. 배움과 교양, 마음의 풍요로움은 물리적인 세계의 그 무엇과는 차원이 달라서 나눌수록 확대된다. 둘이 나누면 가치가 2배가 되고 셋이서 나누면 3배가 된다. 블로그, SNS를 통해 배움을 나누는 사람들은 수만에서 수십만 명에 이른다. 그 방대한 숫자만큼 반향이 크고 이루 말로 다할 수 없는 큰 보람을 느낀다.

인문학으로 깨닫다 ③ 『리딩으로 리드하라』

　내가 3장에서 추천하는 인문도서는 『리딩으로 리드하라』와 『생각하는 인문학』이다. 이 책의 저자는 인문학의 본질이 독서, 공부가 아닌 생각에 있음을 밝힌다. 수천 년의 역사를 만든 천재들의 사색 공부법을 알려주는 책들이다.

　이 책들을 읽으면 빌 게이츠, 스티브 잡스, 마크 저커버그, 레오나르도 다 빈치, 토마스 에디슨 등의 공통적인 특징을 알 수 있다. 모든 지식재산들은 책 속에서 사장되거나 머릿속에만 남는 것이 아니라 삶에 응용할 수 있는 지혜가 되어야 한다. 그리고 뜨겁게 실천해야 한다.

　이 책들은 우리가 인문학을 공부하는 이유가 똑똑해지기 위해서가 아니라 행복해지기 위해서임을 가르쳐준다. 또한 자기 삶의 주인으로 제대로 살기 위해서는 인문학을 통해 제대로 질문하는 법을 배워야 함을 알려준다.

Mind · Growth · Self · Thinking · Dream · Reading · Training

4장

인문학 자기계발을 위한 8가지 원칙

Self-improvement through the Humanities

1

좋은 구절은 항상 메모하라

/

뚜렷한 기억력보다 희미한 펜 자국이 오래간다.
— 작자 미상

독서와 글쓰기를 하면서 좋은 명언이나 구절을 항상 메모하면 얻게 되는 이점은 무엇일까? 성공을 결심한다면 수첩을 항상 지참하라. 벤자민 프랭클린은 절제, 침묵, 정돈, 결단 등 13가지 덕목을 수첩에 적어놓고 매일 이들 항목을 실행했는지 여부를 체크했다고 한다. 그러면서 자신이 행복한 이유는 그 과정을 기록한 수첩 덕분이라고 말하기도 했다.

새로운 정보를 내 수첩에 기록하면 그 정보는 내 자산이 된다. 요즘엔 인터넷이 발달해 정보가 넘쳐나고 궁금한 지식에 대해서 쉽게 알아낼 수 있지만, 그만큼 쉽게 잊어버리는 경향이 있다. 그렇게 흘려 보고 듣는 것은 내 것이 아니다. 하지만 내가 고민하고 기록한 내용은 내 것이 된다.

그리고 작고 하찮은 내용이라도 필요하면 메모하자. 메모가 좋은 점이 많다는 사실을 알면서도 기록을 부담스러워하는 사람이 많다. 그런데 따지고 보면 성공한 사람들의 수많은 성공 요인 중에서 메모만큼 벤치마킹하기 쉬운 습관도 없다. 수첩을 하나 장만해서 무엇이든 적으면 된다.

메모의 첫 번째 노하우는 작고 하찮은 내용이라도 메모하라는 것이다. 나도 20대 때부터 메모하는 습관을 갖게 되었다. 일일이 다 기억하기 힘든 이유가 결정적이었다. 나는 언제 어디서나 똑똑하고 믿을 만한 사람이 되고 싶었다. 그러기 위해서는 알아두어야 할 것도 많고 기억해두고 챙겨야 할 것도 많았다.

새롭게 알게 된 정보나 내 의견은 항상 수첩에 기록했다. 이렇게 처음에는 단순히 내 부족한 기억력을 돕기 위한 의도로 시작했지만, 메모 수첩은 점차 중요한 자료가 되었다. 동료나 친구들은 내가 어떻게 자신이 알지 못하거나 놓쳤던 것들을 속속들이 아는지, 또 어떻게 주변사람들이 관심 있어 하는 주제를 술술 이야기로 풀어내는지 놀라고 부러워했다. 그 비결이 바로 내 수첩에 있었던 것이다. 최소한 하룻밤을 넘기지 말고 메모하면서 체크하자.

메모의 두 번째 노하우는 하루 안에, 그리고 정해진 시간에 메모하고 체크하는 것이다. 모 기업에서 근무하는 영업의 고수는 거래처를 방문한 직후에 메모를 하면 더 좋지만, 낮에는 업무가 바쁘고 공간도 여의치 않아 메모를 하기 어려워했다. 그래서 하루 업무를 마치고 집에 가서 자신이 그날 있었던 일을 돌아보면서 하나하나 기록했다. 아무리 피곤해도 그날 있었던 일은 잠자기 전에 수첩에 기록하고 잤다.

그 영업 고수는 평소 일기를 쓰는 사람이라면 업무 일기를 쓰라고 주장했다. 그러나 일기를 쓰는 습관이 없는 사람은 메모만 잘해도 충분하다. 새로운 정보, 갑자기 떠오른 아이디어, 반성과 각오 등을 간단히 메모만 해두어도 자신이 해야 될 일에 대한 이해와 장악력이 높아진다. 그날 바로바로 기록을 하니 시간이 많이 지나지 않아 꽤 많은 내용을 기억할 수 있다. 그 영업사원은 그날 무슨 대화를 나눴고, 어떤 제품을 주문하고 반응은 어땠는지, 상품 진열은 어떻게 되어 있었는지 생각나는 대로 메모해두었다.

그는 이 자료를 한 사람이 아니라 같은 회사 영업사원들이 공유하면 근무지가 바뀌거나 후임자가 새로 왔을 때 업무를 파악하기가 훨씬 쉽다고 했다. 또 회사 차원에서는 영업 전략의 포인트를 잡아내는 데도 도움이 된다고 강조했다.

메모하는 습관은 실천력을 향상시킨다. 메모의 세 번째 노하우는 일에 대한 계획이나 목표를 세우는 데 메모를 활용하라는 것이다. 앞에서 말했던 영업의 고수는 목표를 세우면 반드시 수첩에 적어두었다. 그리고 분기별, 월별, 주별, 일별 세부 계획을 세웠다. 그는 본인의 목표가 얼마인데 지금 어느 정도까지 와 있는지, 목표를 달성하려면 앞으로 어떤 일을 얼마만큼 해야 하는지 꼼꼼하게 체크하면서 좀 더 효율적으로 일할 수 있었다고 답했다. 이렇게 목표와 계획을 수첩에 적어두고 체크하면 마음속의 계획을 행동으로 옮기기가 쉽다.

또한 그 사람은 제약회사 영업사원으로 일할 때부터 유통회사를 경영할 꿈이 있었기 때문에 자신의 수첩에는 창업에 관한 아이디어나 경영전략에 관한 메모도 많았다. 약국에 나가서 창업자의 시각에서 약국 경영을 관찰하면 전에는 보이지 않던 것이 보였다. 그는 자신이 경영자로서 배워야 할 것과 조심해야 할 것 등 알아두어야 할 정보들도 메모했다.

그 영업 고수는 이런 메모를 하다 보니 어지럽게 얽혀 있던 문제가 단순해지고, 분명하지 않던 문제들이 분명해지면서 머릿속이 정리되는 것을 느꼈다. 이처럼 메모는 머릿속이 정리되지 않고 복잡할 때 생각을 단순하고 명료하게 정리해주는 효과가 있다.

'둔필총명'이라는 말이 있다. 둔한 붓이 총명한 머리를 이긴다는 뜻이다. 아무리 총명한 기억력도 어설픈 기록보다 못하다는 말이다. '적어야 살아남는다'는 의미로 '적자생존'이라는 우스갯소리도 있다. 모두 기록이 얼마나 중요한지 강조하는 말이다. 메모 습관은 성공으로 가는 데 반드시 필요한 습관이다. 메모하는 습관을 갖자. 메모는 좋은 명언과 구절에 대한 기억력을 높여주고 행동을 개선한다. 그리고 위대한 사람들은 모두 메모광이었다.

 - 3,400권의 메모노트를 남긴 에디슨
 - 옷에 악상을 그렸던 슈베르트
 - 모자 속에 필기구를 넣고 다녔던 링컨
 - 녹음기에 선수들 문제점을 녹음했던 히딩크

언제 어디서 독서를 하든 좋은 구절이나 명언은 항상 메모하는 습관을 들이면 좋다. 나는 독서를 하면서 머릿속에 떠오른 생각을 그 자리에서 바로 기록했다. 이동할 때, 산책할 때, 잠들기 전 등 언제 어디서든 메모한다. 늘 지니고 다니는 것, 늘 보이는 곳에 메모한다.

메모광이 되려고 노력하라. 바빠도 독서 후에 메모하는 시간을 따로 마련하라. 사실 나는 메모를 귀찮아했다. 하지만 자기계발을 통해 메모의 중요성을 알게 된 후에 항상 메모하는 습관을 들였다. 하루에 1번이라도 수첩과 펜을 드는 습관이 생기면 특별히 노력하지 않아도 자연스럽게 메모하게 된다.

– 메모만을 목적으로 하는 시간을 갖는다.

– 일부러 카페를 찾거나 생각을 정리해주는 여행을 떠난다.

– 적어도 일주일에 한 번, 한 시간이라도 혼자만의 시간을 갖고 생각
나는 것을 메모한다.

성공하고 싶으면 지금 바로 메모하는 습관을 들여라. 메모 실천은 수
첩에서부터 휴대전화, 태블릿PC까지 실로 다양하다. 일상생활을 바로
기록의 시간으로 만들어라.

2

아는 것으로 그치지 말고 실천하라

/

실천이 곧 전부다. 아이디어는 과제 극복의 5%에 불과하다.
아이디어의 좋고 나쁨은 어떻게 실천하느냐에 따라
결정된다고 해도 과언이 아니다.
– 카를로스 곤(닛산 자동차 사장)

아는 것과 실천하는 것의 차이는 무엇일까? 내가 인문고전에서 읽고 알게 된 것은 다음과 같다.

우리는 끊임없이 무엇인가를 해야 한다는 생각을 하면서 살고 있다. 그리고 경우에 따라서는 그 무엇인가를 해야 하는 강박에 눌려 초조해하며 불안해하기도 한다. 시험을 앞두고 있는 수험생은 시험이 다가올수록 시험 준비를 더 철저히 해야 한다는 생각에 걱정과 불안이 커지고 심한 스트레스를 겪는다.

그런데 인간이 무엇인가를 해야 한다는 생각을 함은 어쩌면 자연스럽기도 하고, 또 그런 생각이 새로운 결과를 가져오는 원인이 되기도 한다. 문제는 '무엇을 어떻게 할 것인가?'라는 의문에 대해 어떤 사람은 정확하게 해야 하는 일과 그 방법을 알기도 하고, 또 어떤 사람은 해야 할 일에 대해 알지 못한 채 그냥 걱정과 염려만 하기도 한다.

일부 교수들은 대학에서 학생들을 지도하다 보면 이런 경우가 너무나 많다고 한다. 졸업 후에 무엇을 할지 자신의 진로에 대해 명확히 알고 있는 학생이 의외로 많지 않다고 한다. 그리고 자신의 진로에 대해서 명확한 계획이나 방향도 없이 막연히 미래와 장래에 대한 불명확성과 불안으로 고민하는 학생들도 많다. 이런 경우를 보면 많은 학생들이 참 안쓰럽기도 하고 답답하다. 대학을 다니면서 적어도 자신이 졸업한 후에 무엇을 할 것인가에 대해 더 명확한 방향을 설정해야 하는데 그렇지 않으니 말이다.

교수들은 이렇게 무엇을 할 것인지 모르거나 인식하지 못한 학생들을 지도하는 일은 사실 무척 어렵다고 말했다. 장래의 진로나 방향을 제시하고 학생들이 그것을 선택하게 하는 것은 쉬운 일처럼 보이지만 그렇지 않다. 사실 우리 사회의 다양성으로 인하여 학생들이 선택할 수 있는 모든 것을 제시하고 지도하는 일은 어렵다. 그리고 학생의 적성, 전공, 개인적인 추진력이나 능력 등도 제각기 다르고 심지어 그 학생의 개인적

취향과 부모님의 바람 등도 그 학생의 선택에 고려할 사항이기 때문이다.

그리고 무엇을 할 것인가를 결정하고 방향을 정하는 일도 어려운데 미래에 대한 어떤 결정을 하고 방향을 정했다고 해서 끝이 아니다. 목표를 설정하고 그 목표를 실현하기 위해 무엇을 어떻게 해야 하는지 안다고 해서 그것을 모두 실천하기는 사실 불가능하다. 그 이유는 '아는 것'과 그것을 '실천하는 것' 사이에 너무나 큰 벽이 존재하고 있기 때문이다. 만약 '아는 것'을 모두 '실천'할 수 있다면, 아마도 세상살이는 이렇게 힘들지 않을 것이다. 아무리 많이 알아도 그것을 실천하는 데는 여러 가지 장애와 한계가 존재한다. 그리고 때에 따라 실천이 불가능한 것도 존재한다.

특히 삶의 여러 가지 규범이나 도덕, 종교적으로 요구되는 필연적인 삶의 방식이나 태도는 누구나 다 아는 '아는 것의 범주'에 속한다고 할 수 있다. 그러나 이렇게 누구나 다 알거나 알 수 있는 것을 일상의 삶에서 실천하는 것은 어쩌면 또 다른 영역이다. 그래서 나는 '아는 것'과 '실천하는 것'에는 큰 간격이 존재한다고 여긴다.

따라서 우리는 살아가면서 '아는 것' 또는 '알아야 하는 것'의 영역을 넓히는 노력도 필요하지만, 실천하는 노력도 필요하다. 비록 '아는 것'과 '실천하는 것'의 간격이 넓어서 도저히 좁혀질 가능성이 없다고 해도 끊임없이 실천해야 한다. 그리고 이 간격을 좁혀서 '아는 것'과 '실천하는 것'의 차이를 좁히고, '아는 것'이 '실천하는 것'을 통해 '아는 것'과 '실천하는 것'이 거의 일치하면 우리는 소위 말하는 성공적인 삶을 살 수 있다. 그리고 그러한 성공적인 삶을 통해 개인적으로는 삶의 성과 또는 성공을 말할 수 있고, 사회적으로는 더 나은 사회를 만드는 기초를 형성할 수 있다.

그러나 이렇게 '아는 것'과 '실천하는 것'의 간격을 좁히고 성공적인 삶을 이끌어가기에는 사실 여러 가지 어려움이 존재한다. 때때로 이를 위해 개인적으로 많은 것들을 포기해야 하는 경우도 생기고, 사회적으로도 다른 사람을 위해 나의 것을 양보하고 포기하고 베풀어야 하는 경우가 발생할 수 있다. 만약 나의 것만을 주장하고 그것을 포기하지 못하고 베풀지 못하면, 아마도 많은 갈등과 대립이 발생할 것이다. 과거 우리 역사를 보면 '아는 것'을 '실천'하기 위해 무수히 많은 희생을 했던 경험이 나온다. 때로는 국가와 자유와 민주주의를 위해 '아는 것'을 '실천'에 옮기면서 너무나 많은 희생과 고통을 이겨내야 했다. 그 결과 우리는 그 희생과 고통을 통해 더 큰 결실을 얻었다.

이와 같이 '아는 것'을 '실천'하는 과정에서는 많은 희생과 양보가 필요하다. '아는 것'을 실천하는 과정 속에서 실천할 여유와 시간, 노력이 필요하기 때문에 조금 우선순위에서 밀리는 것을 감수해야 한다. 그러나 세상을 살아가는 현실에서 비록 이와 같은 현상이 실제로 발생할지라도, 우리는 '아는 것'을 '실천'하는 노력을 포기할 수 없다. '아는 것'을 실천하지 않으면 아무것도 이뤄낼 수 없다.

'아는 것'을 '실천하는 것'에는 부단한 노력과 용기가 필요하다. 자신이 간직해온 많은 것을 과감하게 포기해야 하고 내주기도 해야 한다. 용기와 노력이 없이 실천은 불가능하다. '무엇을 어떻게 할 수 있는가?'에 대한 답은 바로 여기서 찾을 수 있다. 용기와 노력을 가지고 실천하면서 목표와 방향을 잡는 것이 바로 그 답이다. 따라서 지금 당장 우리가 무엇을 할 수 있는가를 생각하고 그것을 바로 실천하는 노력이 필요하다.

다음 명언을 통해 실천의 중요성을 알 수 있다. 레오나르도 다 빈치는 이렇게 말했다.

"아는 것으로 그쳐서는 안 된다. 응용할 줄 알아야 한다."
"생각과 마음만을 가져서는 안 된다. 반드시 실천해야 한다."

사람을 움직이는 진정한 힘은 말이 아니라 행동과 실천이다. 실천과 행동이 말보다 훨씬 강하다.

슈바이처 박사는 다음과 같이 말했다.

"모범을 보이는 것은 다른 사람에게 영향을 미치는 가장 좋은 방법이 아니다. 유일한 방법이다."

다음은 노스웨스턴 대학의 연구자들이 실험을 한 사례다.

노스웨스턴 대학의 연구자들은 실천과 타인의 행동 변화가 어떤 관련이 있는지를 알아보기 위해 초등학교 3-5학년 학생들을 모아 실험을 했다. 학생들은 미니어처 볼링 게임을 했고 게임 결과에 따라 돈으로 교환할 수 있는 상품권을 받았다. '자선 그룹'이라고 이름을 붙인 학생들은 연구 보조원이 "내가 오늘 조금이라도 돈을 딴다면 일부는 불우학생에게 기증하겠어."라고 말하는 것을 들었다. 또 다른 그룹인 '탐욕 그룹'에게 연구 보조원은 게임에서 얻은 돈은 모두 혼자 갖겠다고 말했다. 연구원이 자신의 말처럼 기부를 장려하고 상금을 타인과 나누는 모습을 본 자선 그룹은 64%의 학생이 상금을 기부하는 데 참여했다. 연구원이 기부를 독려했으나 실제로는 말과 달리 상금을 기부하지 않은 경우 학생들의 47%만 상금을 기부했다. 놀라운 사실은, 상금을 모두 갖겠다는 탐욕스러운 모습을 보인 연구원이 실제로는 기부를 하며 행동이 말을 넘어서는 모습을 보이자 63%의 학생들이 자신의 상금을 나누었다.

나는 실천의 힘이 말이나 상상하고 생각하는 것보다 강하다고 여긴다.

아는 지식과 머리로 생각, 상상한 것들을, 몸을 움직여 실천하지 않으면 아무것도 이루어지지 않는다. 우리 주변에는 상상력이 뛰어나 재미있는 이야기를 많이 하는 사람, 누구도 생각하지 못한 기발한 아이디어를 내는 사람들이 왕왕 있다. 하지만 아무리 재미있는 이야기도 글로 옮기고 책으로 출판해야 사람들의 마음을 움직일 수 있고, 아무리 기발한 아이디어도 실천과 행동으로 이어져야 세상을 변화시키는 힘이 될 수 있다.

미국의 경제잡지 〈포천〉에 의하면, 실패하는 리더의 70%는 실행력 부족 때문이며, 미국 경영자의 95%는 옳은 말을 하고 나머지 5%는 옳은 일을 실천한다고 한다. 좋은 아이디어도 말로 그친다면 탁상공론에 불과하다. 사람을 바꾸는 것은 상상과 아이디어지만 세상을 바꾸는 것은 행동과 실천이다.

나는 좋은 아이디어와 상상이 다른 사람의 실천, 행동과 만나도 된다는 사실을 최근에 알았다. 외부에서 상상, 아이디어를 얻어 실천으로 가치를 창출하는 것을 '오픈 이노베이션'이라고 한다. 일종의 혁신 분업이다. 행동과 실천이 중요하지만 결국 그 힘은 지식, 상상, 아이디어로부터 온다. 연구가 없으면 개발이 가능하지 않고, 상상이 없으면 실현이 불가능하다. 지식, 상상, 실천의 3박자가 맞아야 변화가 이뤄진다.

3

항상 인문고전을 가지고 다녀라

/

독서는 완성된 사람을 만들고,
담론은 재치 있는 사람을 만들며, 글쓰기는 정확한 사람을 만든다.
— 프랜시스 베이컨

나는 진정한 자기계발을 원하는 사람들에게 항상 인문고전, 자기계발서를 비롯한 책을 가지고 다니면서 틈틈이 읽으라고 당부한다. 반드시 몸에 책 1권을 지니고 다니라는 말이다. 책을 많이 읽기 위해서는 항상 손이 닿는 곳에 책을 놓아두어야 한다.

모 기업의 유명한 CEO는 항상 세 권 이상의 책을 동시에 읽는다. 1권은 인문고전이고 다른 1권은 자기계발서이며 나머지 1권은 에세이다. 1권은 집무실 책상에서 읽는다. 1권은 침대의 머리맡에서, 나머지 1권은 가방 안에 넣고 다니며 틈틈이 읽는다. 그는 방대한 독서량을 자랑한다.

나는 지금까지 읽었던 책 중에 좋았거나 도움이 된 책은 반드시 손이 닿는 곳에 둔다. 그렇게 했더니 서재에 책을 보관할 공간이 모자라게 되었다. 그렇게 크지 않은 방에 작은 책꽂이가 있는데 꽉 차서 더 이상 책을 꽂을 수 있는 공간이 없다. 그것 때문에 바닥에 쌓아두는 책들도 있다. 책과 함께 쫓고 쫓기는 과정을 반복했다.

재미로 읽는 책은 다른 의미지만 배움에 대한 책은 내 인생의 일부다. 될 수 있으면 손길이 닿는 곳에 보관한다. 다른 공부를 하다가도 지난번에 어느 책에서 읽었던 내용이 나오면 바로 그 내용이 나왔던 책을 꺼내서 본다. 한 번만 봐서는 책의 모든 문장과 내용이 각인되지 않는다. 대부분의 책이 2-3번 읽어야 이해가 되고 그 이상을 보면 깊이 공감할 수 있다. 이처럼 독서를 거듭한 결과 배움을 2-3배 강화할 수 있었다.

그리고 나처럼 독서를 즐기는 친구를 집으로 초대해서 내 서재를 보여주기도 한다. 그 이유는 서재가 바로 나 자신이기 때문이다. 스스로 선택하고 탐독했던 인문고전, 자기계발서, 실용서 등의 책이 지금의 나를 만들었다고 느낀다. 나와 마음이 맞는 친구들에게 내 진심이 전달되기를 바라는 마음도 있었다.

외출할 때는 위에서 언급한 모 기업의 CEO처럼 최소한 3권 이상의 책을 가지고 다녀라. 사두고 읽지 않은 책이나 이전에 읽었던 책이 등장할 기회이다. 이동 시간은 너무 바쁜 사람에게 최고의 독서 시간이다. 그럼에도 스포츠신문이나 주간지를 펼치거나 스마트폰으로 뉴스를 보는 사람들이 많다. 심지어 스마트폰으로 게임이나 오락을 즐기는 사람들도 있다. 나는 그런 이들을 보면 시간이 너무 아깝다고 느낀다.

이 책을 읽는 여러분도 이동 시간, 틈새 시간을 활용해 책을 읽는, 자신만의 방법을 연구하길 바란다. 나는 항상 인문고전이나 자기계발서, 실용서를 가지고 다녔다. 항상 인문고전이나 다른 책을 가지고 다녀라. 독서여행을 떠나는 것도 좋은 방법이다. 나는 대학생 시절, 겨울방학 때 독서여행을 떠나 가지고 간 책들을 다 읽은 뒤에 돌아온 적이 있다.

모바일 기기로 자투리 시간을 잘 활용하는 방법은 지혜롭다. 나는 예전에 매일 2시간 이상을 독서와 글쓰기에 투자했고 지금은 3시간 이상을 독서, 글쓰기, 책 쓰기에 투자한다. 새벽과 아침에 고정된 독서 시간, 글쓰기 시간, 책 쓰기 시간을 갖는다. 주말의 이동하는 시간에는 오디오북을 듣는다. 대부분의 사람은 이동하는 시간에 자거나 뇌를 마비시키는 노래를 듣느라 생산적인 시간을 보내지 않는다. 나를 우연히 지하철이나 버스에서 만나면 이어폰을 끼고 계속 스마트폰을 보고 있는 모습을 발견할 것이다. 그것은 오디오북을 들으면서 에버노트로 중요한 부분을 기록하는 행동이다. 나는 독자들에게 지하철, 버스, 비행기 같은 공간에서는 책으로 독서하지 말라고 당부하고 싶다.

지하철, 버스, 비행기 안은 이동 때문에 흔들리는 공간이 된다. 집이나 도서관, 독서실처럼 책으로 독서하기에 적합하지 않다. 이때 나는 모바일 기기를 적극적으로 활용한다. 요즘은 스마트폰, 아이패드 등의 모바일 기기로도 독서하거나 배움에 힘쓸 수 있는 세상이다.

직장인들은 독서하는 시간을 늘리기 위해 출퇴근 시간의 활용이 필수적이다. 물론 자택이 직장 근처에 있다면 굳이 출퇴근 시간을 알차게 활용할 필요가 없다. 출퇴근 시간이 있는 직장인들이 각각 30분씩만 책을 읽는다고 하면, 하루에 1시간의 독서 시간이 확보된다. 하루 1시간 동안 책을 읽으면 1주일에 책 1권을 독파할 수 있다.

그런데 아침 출퇴근 시간에 지하철이 너무 붐벼서 책을 펼칠 공간도 없을 때가 많다. 그래서 많은 직장인들이 어쩔 수 없이 스마트폰만 들여다본다. 출퇴근 시간에 책을 보려면 어떻게 해야 할까? 지하철이 붐비지 않는 시간에 출퇴근하면 된다.

아침에 1시간 더 일찍 출근하면 지하철이 덜 붐비니 이 문제가 자동으로 해결된다. 퇴근할 때도 그날 일을 일찍 다 마쳐 칼퇴근을 하더라도 그때 나오면 지하철, 버스가 너무 붐비니 사무실에서 좀 더 있다 나오는 방법이 있다. 그 시간에 또 책을 읽으면 책 읽기 시간을 더 확보할 수 있다.

자가용으로 출퇴근하는 직장인들은 이런 혜택을 경험할 수 없다. 그래서 어떤 직장인들은 스마트폰으로 오디오북을 듣는다. 출퇴근 시 스마트폰으로 오락, 게임하는 일을 생각해보면 그다지 생산적이지 않다. 지하철에서 습관적으로 오락, 게임을 하는 대신에 인문고전과 같은 책을 오디오북이나 스마트폰으로 들으면 어떨까?

독서여행은 독서광들에게 좋은 휴식을 제공하며 그 시간은 힐링을 위한 시간이다. 나는 대학생 시절에 2번이나 독서여행을 갔는데 한 번은 강원도 속초로 간 적이 있다.

그 당시에 나는 바쁘다는 말을 입에 달고 산 지 오래였다. 독서여행을 떠나기 위해 작정하고 시간을 내야 함을 절실하게 느꼈다. 읽고 또 생각하려면 남에게 방해받지 않을 조용한 나만의 공간이 필요하다. 쉽지 않은 일이다. 나는 가장 쉬운 여행을 선택했다. 보통 대학생들은 방학이면 다들 어디론가 떠난다. 먼 도시로 훌쩍 떠나면 2가지가 동시에 해결된다. 속초는 그렇게 읽고 싶은 책들을 지참하고 찾기 좋은 도시다.

속초에는 대를 이어 영업하는 오래된 동네 서점도 있고 게스트하우스와 카페를 겸한 북 스테이 서점도 있다. 책방 주인은 취향과 사정에 맞춰 정성껏 책을 골라준다. 편안한 의자에 앉아 까무룩 책 속으로 파묻히거나 커피 한 잔 곁들이며 막 읽은 책의 여운을 음미하기 적당한 카페도 여럿 있다. 독서 여행지로 속초를 소개하는 이유다.

언제 어디서나 여유가 생기면 인문고전 같은 책을 읽으면서 독서를 하

라. 다양한 경험을 할 수 있다. 좋은 여행과 독서, 글쓰기는 스쳐 지나가지 않고 평생의 흥미로 이어질 수 있는 분야를 발견하는 관문이다. 그뿐만 아니라 삶의 태도까지 바꾸어놓을 수 있다. 낯선 경험을 기대하며 떠나는 것처럼, 열린 마음으로 독서 삼매경에 빠져보자. 독서, 글쓰기, 여행은 마음의 휴식처다. 독서를 통해 저자와 함께 여행을 떠나라. 특히 이 책을 읽는 독자 중 대학생들은 방학 시즌에 독서, 글쓰기와 여행으로 다양한 경험을 하길 바란다. 독서여행은 일상적인 삶에서 벗어나 자유로운 안목으로 자연과 자신을 보게 해준다.

4

아는 내용을 주변 사람들에게 설명하라

/

다른 사람들을 가르치면서 설명하면 2번 배우게 된다.
— 조세프 주베르

책을 읽는 것에서 그치지 않고 다른 누군가에게 설명하면 독서할 때 몰랐던 부분들을 순간적으로 이해하거나 체계가 잘 잡히지 않는 부분들이 단번에 잡힐 때가 있다. 그러니 독서하면서 배운 내용을 다른 사람들에게 설명하라. 인문고전 독서도 마찬가지이다. 다른 누군가에게 자신이 탐독했던 인문고전의 내용을 설명하면 효과가 몇 배가 된다.

고전이 아닌 책이라면 이야기가 다를 수도 있지만 고전을 읽고 하는 토론은 어느 정도 인문독서 경력을 쌓은 후에 시작하라. 이를테면 키케로의 'ㅋ'자도 모르는 사람들이 『최고선악론』을 읽고 토론을 하면 어떤 일이 벌어질까?

천재의 사상을 자기 멋대로 해석하는 일이 벌어질 수 있다. 둔재끼리의 토론은 서로의 둔재성만 강화시키는 역할을 하게 된다. 실제로 많은 베스트셀러 작가들이 그런 현상은 흔하다고 이야기한다. 인문고전 독서를 다룬 책을 읽고 성급하게 토론 모임부터 만든 사람들의 수준이 낮아져가는 현상을 말한다. 그래서 베스트셀러 작가들은 어설픈 토론을 하느니 차라리 하지 말라고 한다.

어쩌면 인문고전 독서는 황금률을 따르고 있는 게 아닐까? 자신에게 모든 것을 걸고 달려드는 사람에게 그 만큼의 성과를 주고 그렇지 않은 사람들에게 별다른 성과를 주지 않는 느낌이 든다. 나는 처음에 베스트셀러 작가들만의 생각으로 여겼지만 오랜 세월 동안 인문고전을 탐독하면서 같은 느낌을 받았다.

물론 어설프지 않은 독서 모임도 있지만 보통의 독서 모임은 어설프다. 일주일 동안 인문고전을 열 몇 쪽 정도 읽은 후에 모임이 있는 날은 커피를 마시면서 독서 감상을 발표하고 식사하러 간다. 베스트셀러 작가들은 그들에게 어떠한 열정이나 뜨거움도 찾아볼 수 없었다고 답했다. 당연히 어설픈 독서 모임을 하는 사람들의 독서 능력은 제자리였다. 열정과 뜨거움이 없으니 치열한 토론도 성립될 수 없었다. 그러다 보니 다들 이런 식으로 읽나 보다 하는 고정관념을 가지게 되었다. 그 고정관념은 그들의 사고능력을 망가뜨렸다. 그들은 오히려 인문고전을 읽으면서 바보가 되어가고 있었다.

인문고전은 치열하게 탐독해야 한다. 미친 듯이 지독하게 읽어야 한다. 그렇게 해야 깨달음이 온다. 그런 깨달음을 얻고 난 후에 본인처럼 깨달음을 얻은 여러 사람과 만나면서 토론해야 한다. 그것이 바로 최고의 토론이다. 서로 안에 잠들어 있는 천재성을 깨워주는 최상의 토론이다. 베스트셀러 작가들은 이런 형식의 토론이 아닌 독서 토론들을 전부 말리고 싶다고 했다.

베스트셀러 작가들은 토론 모임보다 발표 모임을 권한다. 앞서 언급했듯이 자신이 읽은 부분을 토론하는 모임을 만들어라. 그러면 더 좋은 효과를 얻을 수 있다. 발표를 할 때는 책의 내용만 말하지 말고 본인이 느낀 감정을 표현하라. 나는 "이런 부분은 어려웠는데 작심하고 몇 번을 반복해서 읽었더니 머리가 시원하게 맑아지는 느낌이 들었어." 또는 "이 부분을 메모, 필사했는데 그 순간 두뇌에서 어떤 깊은 떨림이 왔어."라고 홀로 독서할 때 느끼는 자신만의 감정을 솔직하게 주고받아라. 그러면 지식에서 지혜로 가는 시간이 보다 짧아진다.

굳이 모임까지 만들지 않아도 된다. 내가 편하게 마음을 열어 보일 수 있는 한 사람에게 잘 설명해도 좋은 효과를 얻을 수 있다. 들어주는 사람이 독서에 전혀 흥미가 없어도 괜찮다. 뭔가 어려운 이야기를 하는 당신을 따뜻한 눈으로 바라보면서 고개를 끄덕여줄 수 있는 사람 한 명만 있어도 자신의 인문고전 독서는 더욱 풍성해진다.

그리고 자신이 아는 인문고전에 관련된 지식재산을 다른 사람에게 가르치는 경험도 공부다. 기회가 되면 소액이라도 수강비를 받는 강연가가 되어보라. 배운 지식을 확실히 익히는 최고의 방법 중의 하나가 바로 가르치는 것이다. 실제로 어떤 글로벌 기업은 직원이 연수를 다녀왔을 때 다른 직원에게 그 내용을 가르치도록 한다. 가르치는 입장에 서면 이해한 줄 알았던 내용도 실은 제대로 알지 못했다는 사실을 깨닫고, 다시 한 번 철저하게 점검할 수 있기 때문이다. 큰 조직이라면 윗사람의 허가를 받아 기업 내에 스터디 모임을 만드는 방법이 있다.

업무가 끝난 후 한 시간 정도, 근무 시간이 자유로운 회사라서 업무 시간이 일정하지 않다면 아침에 한 시간 정도 오전 세미나를 여는 방법도 있다.

요즘 미국의 엘리트 기업인들 사이에서 '파워런치'가 유행이다. 점심시간을 이용해서 주제를 정한 후에 가차 없이 논쟁을 한다. 여기서 힌트를 얻어 파워런치 세미나를 여는 방법도 좋다. 어떤 프로그램이 사람을 모으기 쉬울지, 세미나를 여는 장소는 어디로 할지, 막연히 가르친다고 해도 이런 모든 문제를 하나씩 해결하지 않으면 '가르침'이 성립되지 않는다. 일대일로 가르쳐도 마찬가지이다. 이때 명심해야 할 점은 반드시 수

강비를 징수해야 한다는 사실이다. 돈을 받지 않으면 동호회원들끼리의 스터디 모임처럼 되어버리고 진지함을 잃게 된다. 단돈 만 원이라도 걷으면 책임감이 생겨서 미리 자료나 간단한 텍스트를 만들게 되고 이것역시 분명한 공부가 된다.

가르칠 때는 충분한 질문 시간을 확보해야 한다. 많은 세미나 강연가들은 그 강연에 오는 사람들이 터무니없는 질문을 하는 존재임을 느낀다. 질문의 화살은 모든 방향에서 날아온다. 모든 질문에 열심히 답변하면 상당한 에너지가 소모되지만 생각하지도 못한 질문을 받고 그것에 대답하는 행동 자체로 본인의 향상을 실감한다. 때로는 쾌감마저 느낀다.

반대로 본인이 수강하는 사람의 입장이 될 때는 질문을 많이 하라. 끈질기게 질문하라. 진지하게 내용을 듣고 있으면 의문점이 생기고 확인하고 싶다는 생각이 든다. 그러면서 차례로 질문거리가 생긴다. 이런 진지한 태도가 바로 배움의 자세다. 그러니까 남을 가르칠 수 있는 기회를 만들어라. 가르치는 것은 두 번을 배우는 좋은 기회다.

나는 대학생 시절 동아리 활동을 하면서 후배들을 가르친 경험이 있다. 대학생 시절에 기계 CAD 2D · 3D 동아리 활동을 하면서 후배들에게 내가 아는 지식과 실무 능력을 가르쳤다. 그러한 경험을 통해 남을 가르칠 기회를 만드는 것도 소중한 체험임을 깨달았다.

그리고 기회가 된다면 인문학 관련 토론, 세미나에서 강연회를 정리하는 의미로 스피치를 해보라. 스타 강연가들은 그런 기회를 절대로 놓치지 않는다. 다른 사람들 앞에서 스피치를 하려면 세미나 내용을 다시 훑어봐야 하고 무엇이 가장 의미가 있고 인상적이었는지를 파악해야 한다. 이렇게 세미나에 대해 총 복습을 해야 최대의 수확을 얻는다.

좌중의 시선이 자신에게 향하고 모두 자신의 말에 귀를 기울이는 기회를 얻도록 노력하라. 그것은 큰 선물이면서 좀처럼 얻기 힘든 기회이기도 하다. 기업의 CEO라면 모르지만 일반적인 사람들은 기껏해야 다른 사람들에게 발표할 수 있을 때가 회의 프레젠테이션밖에 없다. 그러니 스피치 기회가 주어지면 그것을 즐겨라.

똑같은 세미나를 수강하더라도 받아들이고 이해하는 방식은 사람마다 다르다. 예를 들어 '사과'라고 말했을 때, 과일가게에 진열된 사과를 떠올리는 사람이 있는가 하면, 애플사의 마크를 상상하는 사람이 있을 수도 있다. 그래서 스피치는 일대일 또는 소규모 그룹 내에서 이뤄지는 대화와는 상당히 다르다. 각양각색의 사고 패턴을 가진 많은 사람을 대상으로 단번에 자신을 어필할 수 있는 기회는 그리 많지 않다. 인상적이든 그렇지 않든, 일단 연단에 서서 스피치하고 나면 그들 각자의 머릿속에는 본인의 이미지가 다양한 모습으로 새겨진다.

"누구 이번 세미나, 강연에서 마지막에 스피치를 하실 분 없으세요?"

이런 이야기가 나오면 솔선해서 스피치를 하라. 이때 대부분의 스타 강연가 반응은 적극적이다. 적극적으로 자신을 어필하는 자세가 없다면 그 누구도 본인의 존재를 알아주지 않는다. 배움을 수익으로 이어주는 첫걸음은 스스로의 존재를 어떻게 매력적으로 어필하는지에 달려 있다. 특히 좌중 앞에서 발표하는 일을 할 때는 적극성과 자신감, 행동해야 할 시기에 행동하는 결단력, 용기가 중요하다. 더구나 처음에 들어온 제안을 거절하는 행위는 모처럼 열리려는 기회를 스스로 닫아버리는 행동이다. 거절당한 입장에서는 완곡한 거절이라도 기분이 썩 좋을 수 없다. 처음에 거절하면 상대의 기분에 찬물을 끼얹는 격이다. 사정이 마침 좋지 않더라도 상대의 마음은 단 한 번만으로 차가워진다. 사람의 마음은 일단 식으면 온기를 되찾기가 어렵다. 그러므로 모임, 세미나, 강연, 토론에서 남들을 가르칠 수 있는 기회가 있으면 적극적으로 도전하라.

5

자신만의 인문학 노트를 만들어라

/

기록되지 않은 것은 기억되지 않는다.
– 다산 정약용

자신만의 인문학노트를 만들었을 때 가질 수 있는 이점은 무엇일까? 그것은 독서노트의 효과와 비슷하다. 그러니 인문고전에서 읽은 내용을 내 것으로 만들어라. 인문고전서 등을 탐독해도 변화가 없다면 읽은 내용을 내 것으로 만들지 않았기 때문이다. 글로 정리해보는 과정이 중요한데, 그 책을 내 것으로 갖고 가는 길이다. 글로 쓰면 내 생각이 정리가 된다. 그러면 내 언어로 책에서 읽은 내용을 표현하게 된다. 이는 내 삶 속에 녹아 의미 있는 것으로 자리 잡아서 나를 발전시킨다.

나는 작년 2018년 하반기부터 PC에 독서노트를 만들어서 서평과 후기를 쓰고 있다. 그리고 문서들을 외장하드에 보관해 수시로 체크했다. 그래서 내가 전보다 훨씬 빠르게 성장하고 발전함을 느꼈다.

세상에서 가장 비싼 노트는 1994년 당시 경매로 나와 326억 원에 낙찰된 레오나르도 다빈치의 노트로 알려져 있다. 그 노트가 천문학적인 가치를 가지는 이유는 여러 학문을 아우르며 놀라운 지식과 생각을 잉크를 묻히며 꾸준히 정리한 책이기 때문이다. 그럼 자신에게 가장 비싼 책은 무엇일까? 가격을 떠나 본인이 직접 읽고 삶에 적용해 성장을 경험한 책이라 생각한다.

애독가라면 읽은 책의 내용을 기억하기 위해서라도 인문학노트를 비롯한 독서노트를 만들어야 한다. 독서 토론을 하다 보면 자신의 기억력이 좋지 않고 한 번 정도 읽었던 내용을 자꾸 잊어버린다고 호소하는 분들이 있다. 분명히 읽을 때는 흠뻑 빠져 재미있게 읽고 감동도 받았는데 기억이 나지 않는다고 한다. 그러면서 기껏 바쁜 시간을 쪼개서 열심히 책을 읽어도 무슨 내용인지 기억나지 않는다며 시무룩해한다.

책은 처음부터 끝까지 다 읽어야 한다는 오해 못지않게 많은 사람들이 독서하면 내용을 다 기억해야 한다고 믿는다. 내용을 기억하지 못하면 읽지 않은 것과 같다고 생각한다. 물론 독서하고 자신을 변화시키려면 내용을 기억해야 한다. 어떤 내용이 담겨 있었는지 기억하지 못하는 상황에서 깨달음을 얻고 생활에 적용하기는 불가능하다.

독일의 심리학자인 헤르만 에빙하우스는 장장 16년에 걸친 망각실험을 통해 사람이 망각의 동물임을 증명했다. 에빙하우스의 연구에 의하면 사람은 지식을 습득한 후 10분이 지나면 조금씩 잊기 시작한다. 망각 속도가 무척 빨라 1시간이 지나면 3분의 1을 잊고, 하루가 지나면 70%를 잊는다. 한 달 뒤에는 80% 이상을 망각한다. 사람의 뇌가 애초부터 불과 하루 만에 약 70%를 잊어버리도록 되어 있으니, 어제 읽은 책을 오늘 제대로 기억하지 못한다고 자책할 필요가 없다. 망각의 법칙 앞에서는 누구나 공평하다. 그러니 작가의 이름이 기억나지 않는다고, 책에 등장한 주요 인물이 누구였는지 생각나지 않는다고 걱정할 필요가 없다. 모두 똑같으니까.

읽은 내용을 바로 잊어버리는 것은 방법이 없다. 하지만 너무 잊어버리면 아깝다. 전부는 아니지만 어느 정도 그 책의 핵심이나 놀란 부분, 감동한 내용 등은 기억하는 게 좋다. 그러면 어떻게 해야 될까? 바로 인문학노트를 비롯한 독서노트를 작성하라. 나처럼 서론, 본론, 결론 형식의 서평을 기록해서 보관해도 좋고 그냥 읽고 느낀 점, 깨달은 점, 적용 가능한 것들을 기록하라.

대기업에 다니는 어떤 직장인은 인재개발 업무를 하며 독서, 글쓰기를 공유, 전파했다. 처음 접하는 신입사원들이나 경력 직원들이 매우 어색해하고 힘들어했다. 하지만 시간이 지날수록 일상과 습관이 되고 한 권씩 정리와 적용점이 담겨 삶에 필요한 좋은 지혜를 독서를 통해 채울 수 있었다고 한다. 물론 인문학노트를 비롯한 독서노트의 작성과 보관이 귀찮을 수도 있다. 힘들고 피곤한데 억지로 정리하려는 노력은 인문고전과 같은 책을 읽는 기쁨을 반감시킬 수 있다.

이런 사람에게는 독서 중인 책에 메모, 체크를 하길 권한다. 키워드나 핵심 문구에 밑줄을 긋거나 중요한 부분에 체크하는 식으로 표시하면 평상시에 잊고 지내다가도 그 책의 표지를 보거나 책을 펼쳐 메모한 곳을 읽으면 그 자리에서 내용이 떠오른다. 이건 누구나 가능한, 가장 간단한 기억법이니 적극적으로 활용하라.

또 다르게 기억을 강화하는 방법이 있다. 다른 사람에게 책의 내용이나 필사한 내용을 소개하라. 처음부터 누군가에게 이 책의 내용을 소개하겠다는 마음가짐으로 책을 읽으면 더욱 좋다. 하지만 어느 일부분만을 암기해서 전달하지 마라. 그것은 소개가 아니다. 자기 나름대로 이해해 자신의 언어로 말할 필요가 있다. 이 변환 작업이야말로 기억을 정착시키는 강력한 도구다.

미국의 수학자 노버트 위너는 연구소 안에서 사람들과 만날 때마다 "지금 이런 연구를 하고 있다.", "이 점이 훌륭하다."라고 계속 말했다. 상대방의 입장에서는 최첨단 연구 상황을 알려줬으니 상당히 운이 좋았다고 할 수 있다. 하지만 위너의 목적은 상대방에 대한 서비스가 아니라 자신의 연구 내용을 정리하고 의식하기 위해서였다. 다른 사람에게 이야기하면서 오히려 자신이 무언가를 깨닫거나 힌트를 얻기도 하고 머릿속이 정리되거나 마음이 차분해지기도 했다.

나는 예전에 독서노트에 서평과 후기를 작성하기 전에는 약 250쪽 정도가 되는 책에 밑줄을 그으면서 2회 읽었다. 특정한 분야의 책을 계독, 숙독한 적도 많았다. 하지만 책 읽기가 끝난 후에 독서노트에 기록하고 그 내용을 수시로 점검하면서 한 번만 읽어도 기억에 오래 남는 현상을 경험했다.

어느 기업에서 성취감을 얻는 독서, 글쓰기 모임을 한 사례가 있다. 처음에는 사원들이 독서, 글쓰기를 하다가 재미가 없으면 내려놓는 경우가 많았다. 하지만 오랫동안 독서, 글쓰기 모임을 꾸준히 하고 인문학노트를 비롯한 독서노트를 개인이 작성하면서 큰 변화가 일어났다. 정해진 기간에 새로운 책을 읽고 글을 써야 하니 중간에 내려놓을 수 없었다. 또한 토론을 위해 활동할 내용들을 하나하나 생각하며 읽고 기록하다 보니 흥미 위주의 독서에서 벗어나 깊이 있는 독서를 할 수 있게 되었다. 그러다 보니 그 기업의 많은 직원들이 평소 취향에서 벗어난 다양한 책을 경험할 수 있었다. 설사 많은 책을 읽더라도 자신이 좋아하는 종류의 책만 읽으면 생각이 편협해지기 쉬운데 독서, 글쓰기 모임을 통해 평소 관심이 없던 분야의 책도 읽게 되어 독서의 편식을 피할 수 있었다고 한다. 이외에도 그 회사의 직원들이 느끼는 독서 모임의 장점은 다양했다.

첫째, 평등한 교류다. 학벌이나 지위, 나이 등 무엇도 고려 대상이 아니다. 모든 대화의 중심에는 인문고전을 비롯한 다양한 책이 있을 뿐 출신은 관심사가 아니다. 독서, 글쓰기 모임의 회원들이 부러워하는 직원은 '깊게 읽는 회원'뿐이었다. 진지하고 꼼꼼하게 여러 번을 읽고 독서노트를 작성한 회원은 선망의 대상이었다. 그런 사람의 깊고 다양한 해석을 들으려 귀를 쫑긋 세우는 경우가 많았다.

둘째, 책임 의식이다. 독서, 글쓰기 모임은 책을 읽고 독서노트를 작성하며 글을 써야 갈 수 있기에 완독, 정독에 대한 책임을 갖게 되었다. 또 참석을 실천하겠다는 책임감도 샘솟았다. 이를 지켜낸 직원들의 성취감도 컸다.

셋째, 자기 성장이다. 인문고전을 비롯한 책을 읽고 글을 쓰면 깊은 공부가 된다. 나아가 1권의 책에 대한 다른 의견을 들으며 큰 성장을 경험한다. 시야가 넓어지고 겸손해지며 다른 사람의 입장을 이해하게 된다.

그러므로 인문고전과 같은 책을 읽으면서 독서노트, 인문학노트를 작성하는 행동은 기억에 오래 남는 독서법이다. 또한 긍정적인 효과를 내고 삶을 급격히 성장시킨다.

6

배운 지혜를 삶과 연결시켜라

/

지혜롭지 않은 자들과 어울리기에는 인생이 너무 짧다.
— 제프 베조스(아마존 CEO)

인문학에서 배운 주옥 같은 지혜들을 삶과 연결시킬 수 있을까? 나는 인문학에서 배운 지혜는 삶과 연결할 수 있으며, 또한 당당한 삶을 살 수 있는 힘이라고 생각한다. 삶과 연결된 인문학 공부는 자신의 선택에 당당하고 실천할 수 있는 내적인 힘을 길러주기 때문이다. 또한 인문학은 현대인들이 세상과 함께 살아갈 수 있는 하나의 과정이다.

언뜻 보기에는 인문학 공부를 하는 현대인들이 많아진 느낌이 든다. 그러나 자발적으로 하는 사람들은 여전히 소수에 불과하다. 성인도 인문학 공부를 하겠다는 자발적 동기를 갖기는 힘들다. 누군가 옆에서 제안해주거나 일상생활에 답답함을 느끼는 사람들이 인문학 공부를 찾는다.

최근 인문학 열풍이 불어서 관련 단체들이 부쩍 늘기는 했지만 유행에 편승하는 측면도 있다. 실제적으로 인문학 공부를 하면서 인문학적 동기나 시각을 줘야 한다. 하지만 강연가들의 일방적인 강의로 끝나는 경우가 많다. 예전부터 인문학이라는 말은 하지 않았지만 실천하고 있는 사람들은 많았다. 『길은 학교다』라는 책도 어떤 사람들이 아시아 지역을 여행하면서 봉사활동을 한 내용을 쓴 도서다. 길 위에서 인문학을 공부하고 직접 체험한 경우다. 나는 그 책을 통해 언제나 기존 교육의 한계를 넘어서려는 사람들이 있었다는 결론을 얻었다.

사람들이 인문학을 공부하는 게 어떤 의미가 있을까? 요즘에는 사람들이 공부를 많이 한다. 사실 나도 그 사람들에게 뒤처지지 않을 정도로 많이 공부했다. 요즘도 매일처럼 독서, 글쓰기, 책 쓰기를 꾸준히 한다. 그 결과 인문학적으로 사고하고 삶을 바라보는 게 모든 현대인에게 필요하다고 느꼈다. 자기 삶과 연결해서 하는 공부는 나이와 상관이 없다. 무엇보다 다양한 생각과 행동을 하게 만든다. 학교 교육 안에서는 생각하지 못했던 것들을 자유롭게 펼칠 수 있다. 사고가 정형화되지 않으니 선택의 폭도 넓어진다. 대학을 가든, 사회운동을 하든, 문화기획자를 꿈꾸든 자신이 선택할 수 있는 판단의 근거가 생긴다. 자신의 선택에 당당하고 그것을 실천할 수 있는 내적인 정신의 힘을 기를 수 있었다.

본인의 직업이 개발자나 기술자라면 인문학과 기술의 교차점에 있는 제품을 만들어라. 그렇기 위해서는 직장에서 자신의 기술을 꾸준히 활용해야 한다. 그리고 인문고전, 자기계발서, 실용서 등의 책을 읽고 글을 써야 한다.

애플 창업자인 고(故) 스티브 잡스의 말이다.

"나의 목표는 인문학과 기술의 교차점에 있는 제품을 만드는 것이다."

나는 당시에 왜 그가 돈도 되지 않는 학문을 굳이 제품과 연관을 지었는지 상식적으로 이해가 되지 않았다. 하지만 애플의 신화가 인문적 철학으로 말미암아 탄생했다는 것을 알게 되면서 생각이 달라졌다. 그는 인간의 욕구를 들여다보고 자신만의 방식으로 풀어낼 줄 아는 사람이다. 그는 언제나 '사람이 쓰는 제품'을 만든다는 큰 명제 안에서 답을 구하는 사람이다. 인간이 생각하는 흐름을 이해하고 궁극적으로 인간의 행복까지 이어지는 제품만이 생존할 수 있다는 점을 이해했다. 우리는 그의 행보에서 인간을 다루는 학문을 기술에 결합시켰다는 점과 궁극적으로 이 부분이 그의 성공에 크게 기여했다는 사실에 주목해야 한다.

글로벌 기업 삼성전자의 힘은 완전히 새로운 제품이나 서비스를 만들어내는 것이 아니다. 삼성전자의 힘은 인문고전과 같은 책에서 얻은 지혜를 바탕으로 서로 다른 제품, 서비스들의 장점을 조합하는 능력에서 나왔다. 삼성전자는 인문고전에서 얻은 지혜를 바탕으로 많은 가전제품, 전자제품의 장점들을 조합했지만 특색이나 기능면에서 기존의 제품보다 훨씬 뛰어난 제품을 만들었다. 즉 삼성전자의 창의력은 창조에서 나오지 않았고 다양한 지식, 아이디어들을 조합하는 방식, 조합능력에서 나왔다.

그럼에도 많은 사람들이 쓸모도 없는 인문학을 알아서 뭐 하느냐고 내게 말한다. 그들은 몰라도 삶에 지장이 없으니 상관이 없다고 말한다. 하지만 나는 인문고전과 같은 책을 꾸준히 읽고 글을 쓰는 행동이 현대인들의 스트레스를 줄일 수 있는 돌파구가 될 수 있다고 말하고 싶다. 세상을 더 깊이 경험하고 남들보다 좀 더 많이 볼 수 있음은 진정으로 삶이 풍요로워질 수 있도록 돕는다. 나는 이런 시각이 그동안 인문학자들의 전유물인 줄 알았다. 그들은 이미 인문학적 감각을 통해 모든 자연 현상에서 인간사를 찾았다. 우리가 보면 단순한 물건도 그들은 감정을 이입해 사람의 언어로 해석했다. 하지만 앞으로의 시대에는 많은 것이 연결되고 공유된다. 우리는 많은 인문학자들과 연결해 그들의 견문을 배우고 실제로 활용할 수 있다. 약간의 훈련만 필요하다. 같은 것을 봐도 얼마만큼 감동할 수 있느냐는 풍요와 빈곤을 구분한다.

7

남과 다르게 생각하려고 하라

/

운이 좋은 사람들은 운이 없는 사람들과 다르게 생각하고 행동한다.
운이 좋은 사람들과 함께 있는 것만으로도 운이 좋아진다.
– 이노우에 히로유키

    남과 다르게 생각해서 새로움을 추구하고 바꿔라. 남과 다르게 생각하
고 새로움을 추구하는 마인드는 현대인들 중 특히 창업자들에게 중요하
다. 많은 현대인들이 창업을 시도하지만 현실이 녹록지 않기 때문이다.
신규 창업을 해서 3년 이상 사업체를 유지하는 비율은 40%에 불과하다.
나머지 60%는 실패의 늪에 빠진다. 따라서 창업 아이템으로 유명해진다
고, 고수익을 보장한다며 우르르 달려가면 성공이 보장되지 않는다는 사
실을 명심하라.

    오로지 남들과 다른 나만의 생각과 늘 새로움을 추구하는 마인드가 중
요하다. 그렇게 해야 정글 같은 창업 시장에서 살아남을 수 있다. 누구나

쉽게 창업 시장에 뛰어들지만 살아남기가 매우 어렵고 그 수가 적다. 대기업도 마찬가지이다. 장수 기업과 단명한 기업의 차이점은 무엇일까? 바로 남들과 다르게 생각하고 늘 새로움을 추구하는 자세다. 장수 기업은 현실에 안주하지 않고 늘 변화와 새로움을 추구한다. 다르게 생각하고 새로움을 추구하는 자세는 창업 생존의 필수 요건이다.

그러면 남과 다르게 생각하기 위한 답이 어디에 있을까? 바로 인문고전 등의 책을 탐독하고 글을 쓰는 습관에 있다.

56살로 세상을 떠난 스티브 잡스는 컴퓨터 회사를 창업해 큰 성공을 이뤄낸 탁월한 기업인이다. 21살이었던 1976년에 스티브 워즈니악과 함께 애플컴퓨터를 창업해, 현재 시장가치 세계 1위인 최고의 기술기업으로 성장시켰다. 또한 스티브 잡스는 뛰어난 제품을 만들어 동시대인의 삶의 방식을 바꾸고 새로운 문화를 만들어낸 혁신가로 기록되었다.

스티브 잡스는 기존 질서를 당연한 것으로 받아들이지 않았다. 1984년 맥 컴퓨터를 선보일 때 내보낸 광고에선 한 여인이 해머를 들고 뛰어가 빅 브라더가 지배하는 남성들의 세상을 박살내버리는 모습을 담았다. 아이비엠(IBM)과 마이크로소프트(MS)가 지배하는 기존의 세상을 부수겠다는 메시지였다. PC시장에서 마이크로소프트의 지배를 뒤집지는 못했으나, 스마트폰과 태블릿PC를 앞세운 포스트 피시(Post PC) 전략으로 그의 꿈은 이뤄졌다.

뒤집기를 통해 세상을 바꾸려는 전략이 가장 잘 구현된 제품은 아이폰이다. 애플은 거대 통신사들이 지배하는 통신 환경에 정면으로 도전했다. 2위 이하 사업자와 손잡은 애플은 이동통신사가 단말기에 끼칠 수 있는 영향을 극소화하고 소비자와 개발자들을 끌어들여 아이폰발 스마트폰 혁명을 이끌었다. 애플의 아이폰 등장 이후 이동통신 시장의 패러다임은 완전히 바뀌었다. 각국의 이통사들이 통신서비스와 단말 공급권을 갖고 가입자와 제조사를 쥐락펴락하던 구조가 아이폰 하나로 무너진 것이다.

잡스는 기존에 없던 가치를 구현하기 위해 누구나 사용할 수 있는 제품을 만들어내는 방법을 썼다. 애플은 기계적 아름다움을 지닌 하드웨어를 만들어 팔면서도, 기계보다는 거기에 담아 즐길 수 있는 가치를 앞세웠다. 아이팟은 음악 관리 도구인 아이튠스와 음원 판매상점인 아이튠스 스토어와 결합돼, 디지털시대에 음악을 구매하고 즐기는 새로운 문화를 만들어냈다. 멀티터치를 채택해 손쉬운 조작법의 중요성을 일깨운 아이폰은 앱스토어를 통해 손쉽게 소프트웨어와 콘텐츠를 구매해 즐길 수 있는 새로운 라이프스타일을 창조했다. 아이폰과 아이패드로 소프트웨어와 콘텐츠 생태계를 만들어내 디지털 환경에서 성공 모델을 확립한 것도 애플을 이끈 잡스의 몫이다. 아이폰4에스(S) 발표 행사에서 애플은 "앱스토어를 통해 17억 8,300만 달러의 매출을 기록해, 70%를 개발자들에게 돌려줬다."라고 밝혔다.

　스티브 잡스는 기술과 인간의 관계를 바꾸었다. 잡스는 엔지니어지만, 기술을 넘어 그 사용자인 사람에 대해 깊은 통찰력을 지녔다는 점과 그것을 제품으로 구현해냈다는 점에서 남달랐다. 잡스는 아이폰과 아이패드를 처음 발표하는 자리에서 거듭해 "애플은 인문학과 기술의 교차로에서 있었다."라고 내세웠다. 잡스는 혁신적이라고 설명한 제품의 배경에 기술 못지않게 인문적 접근이 있음을 강조했다. 이는 애플이 지향하는 단순화와 쉬운 사용성이라는 지향으로 제품마다 녹아 있다. 하지만 잡스는 제품 출시와 관련해 시장 조사나 컨설팅 의뢰를 하지 않았다. 벤치마킹 대신 통찰력으로 고집스럽게 제품을 만들었고 나사못 하나마저 줄이는 등 완벽한 디자인을 지향한 제품에 전 세계 사용자들은 열광했다.

　나는 스티브 잡스가 무엇보다 세상을 바꾼 혁신가로 오래 기억되리라 생각한다. 컴퓨터의 그래픽 사용자환경(GUI)이나 멀티터치도, 엠피(MP)3와 스마트폰도, 태블릿PC도 사실은 애플이 최초로 만들지 않았다. 하지만 이 기술은 애플 제품을 통해 비로소 대중적 상품이 되었고 디지털 문명과 스마트 시대를 연 주인공의 자리를 차지했다. 잡스는 이들의 혁신적 제품을 통해 동시대인들의 생활방식을 변화시키는 데 누구보다 강력한 영향을 끼쳤다. 기술에 대한 깊은 통찰과 인문적 접근을 바탕으로 기술과 예술이 만나게 하고 사람이 기술과 관계 맺는 방식 자체를 변화시켰다.

나는 인문학을 통해 무언가를 할 때 A나 B가 아닌 또 다른 C를 생각하라는 가르침을 얻었다. 나는 무언가를 할 때 A인가 B인가를 놓고 고민하고 있다면 C라는 새롭고 더 적절한 정답이 있을 수도 있다는 사실을 깨달았다. 언제나 또 다른 선택이 있다. 우리가 고민하는 아이디어에도 또 다른 선택이 있다. 놀라운 것은 또 다른 선택이 있다는 사실을 기억하면서 우리는 남다른 아이디어를 찾게 된다.

나는 같은 제품도 다른 관점으로 생각하면 2배의 가격 차이를 만들 수 있다는 사실을 깨달았다. 그러니 남다른 생각으로 플러스알파의 상승효과를 만들자. 나는 오래전부터 남다르게 창의적인 생각을 한 사람들의 비밀이 궁금했다. 많은 사람들이 이들처럼 창의적인 인재가 되고 싶어 하지만 잘되지 않는 이유는 무엇일까? 창의성에 대해 가장 중요한 요소는 천재성이나 번뜩이는 아이디어가 아니라 남과 다른 생각이라는 사실을 깨달았다. 너무나 많은 상품이나 서비스가 좋은 품질로 제공되고 있는 요즘 세상에서는 조금이라도 색다르고 새로운 것이 바로 경쟁력이다. 나는 보수적인 환경에서 계속 지냈기 때문에 창의성을 발휘하는 데 제약이 많지만 가까운 미래에는 나답게 창의성을 마음껏 발휘할 수 있는 환경에서 지내길 바란다.

뉴턴, 스티브 잡스, 갈릴레이, BMW 수석디자이너 크리스 뱅글 등 창의적인 생각을 한 사람들의 비밀은 무엇일까? 많은 사람들이 이들처럼 창의적인 인재가 되고 싶어 하지만 잘되지 않는 이유는 무엇일까?

창의적인 인재가 되어 혁신을 이루려면 기존의 생각, 지금까지의 관행을 의심하고 나만의 정답을 만들어야 한다. 창의적인 인재들은 "정답을 찾는 습관이 창의성을 죽인다."라고 말한다. 같은 무언가를 하더라도 남과 다른 방식으로 하면 창의성을 발휘할 수 있고, 같은 시계를 보더라도 '시간을 알려주는 기계'로 보느냐, '패션을 완성시켜주는 패션 제품'으로 보느냐에 따라 새로운 시장을 창출할 수 있다.

"뭐 좀 새로운 거 없어?" 우리가 자주 듣는 말이면서 또 자주 하는 말이다. 우리는 왜 다른 것을 선택하지 못하고 새로운 시도를 주저하고 망설이는 걸까? 그 이유는 바로 불안함과 두려움 때문이다. '만약 잘못되면 어떻게 하지?', '괜히 혼자서 바보 되는 거 아닐까?' 같은 생각들이 가장 큰 장벽이다. 불안한 마음에 우리는 계속 남들과 같은 선택, 결정을 하고 같은 방법으로만 하려고 한다. 아무쪼록 나는 인문고전의 주옥 같은 내용이 현대인들의 상황에 적용되길 바란다. 그래서 조금은 다른 생각, 새로운 생각을 만들고 자신감을 갖고 실제 결과를 만들어가길 바란다. 남다른 창의력에 대한 이야기는 인문고전에 많이 나와 있다. 인문고전은 3가지 측면에서 기존의 책들과 다르다.

첫째, 지금 상식으로는 할 수 없는 일들도 다른 관점으로 생각하면 해결 방법이 보인다.

둘째, 창의력은 천재의 머리에 떠오르지 않고 반복적인 노력과 오랜 생각의 노동 끝에 생긴다.

셋째, 혁신적인 아이디어는 바보 같은 생각에서 출발한다.

특히 요즘은 비즈니스와 일상에서 흔히 접할 수 있는 사례를 들어 창의력을 발휘할 수 있도록 풀어낸 인문학 도서가 정말 많다. 서점이나 도서관에서 쉽게 구할 수 있다. 아무튼 현대인들에게 많은 도움이 되었으면 한다.

8

끊임없이 새로운 것을 시도하라

/

미래를 두려워하며 새로운 것을 시도하지 않는 사람은
자신의 손과 발을 묶어놓은 사람이다.
기억하라. 실패는 기회의 또 다른 이름이다.
– 헨리 포드

항상 변화를 갈망하면서 새로운 것을 시도하라. 우리가 살고 있는 이
세상은 변화 속도가 예전과 비교할 수 없을 정도로 빨라졌다. 하루가 다
르게 변하는 세상에서 나만의 행복을 추구하기는 더욱 힘들어졌다. 그러
나 아무리 세상이 바뀐다 해도 변하지 않는 삶의 가치는 있게 마련이다.
우리는 미로 속에 살면서 수많은 장애물에 부딪치고 실패와 좌절을 경험
하기도 한다. 이러한 때에 『누가 내 치즈를 옮겼을까』라는 책은 짧은 우
화를 통해 변화에 대한 진리를 실감하게 한다. 인생을 새롭게 변화시키
는 용기를 얻게 한다.

책의 등장인물인 두 마리의 쥐와 두 명의 꼬마 인간은 나태한 사람과

주도적인 사람을 비유적으로 표현한다. 냄새를 잘 맡는 쥐(스니프), 행동이 재빠른 쥐(스커리), 변화를 인정하지 않는 사람(햄)과 뒤늦게 변화를 받아들이는 사람(허)으로 이야기는 전개된다. 이들 넷은 '미로 속의 치즈 찾기'에 나선다. 창고의 치즈가 바닥났을 때 냄새를 잘 맡는 스니프와 뛰기를 잘하는 스커리는 곧바로 다른 창고의 치즈를 찾아 또 다른 미로를 더듬어 나아간다. 그곳에 없으면 또 다른 치즈 창고를 찾기 위해서 고군분투한다. 그 와중에 넘어지고 지치지만 이들에게는 치즈라는 목표가 존재한다.

그들은 왔던 길을 다시 되돌아간 적도 있고 먼 길을 빙빙 돌아갈 때도 있었다. 하지만 치즈를 찾는다는 목표에 전념한 결과 결국 그들은 좋아하는 치즈를 손에 넣는다. 반면 햄과 허는 줄어드는 치즈와 변화를 눈치채지 못하고 현실에 안주한다. 그들은 치즈를 찾기보다는 맛있는 치즈의 맛에 익숙해져서 변화를 싫어하는 지경에 이른다. 그러던 어느 날 치즈가 갑자기 사라져버린다. 누가 가져갔는지 분노하면서 그들은 현실을 부정한다. 고래고래 소리 지르고 벽을 긁어대고 어쩔 줄 몰라 하며 치즈가 바닥난 창고의 벽을 뒤지고 찾았지만 새로운 치즈는 나오지 않았다. 미로를 헤맬 생각을 하니 앞이 캄캄하고 도무지 또 다른 치즈를 찾을 수 있다는 생각이 들지 않았다.

그 둘은 두려움을 느꼈다. 그 와중에 허는 뒤늦게나마 치즈를 찾아 떠나기로 결심한다. 그것은 아무리 기다려도 치즈가 생기지 않는다는 사실을 알았기 때문이다. 물론 후회도 들고 미련도 있었지만 설렘과 기쁨도 컸다. 나중에 허는 다른 치즈 창고를 발견했다. 그런데 거기에는 스니프와 스커리가 자리 잡고 있었다.

우리 주위에는 변화에의 거부와 현실 안주, 즉 변화를 받아들이지 않고 현실에 부정적이면서 불만이 섞인 한탄을 쏟아내는 사람들이 많다. 하지만 변화를 두려워하거나 현실의 창에 갇혀 변화를 못 보는 인간에게 미래는 없다. 그렇다. 새로운 미로를 찾는 여행은 분명히 두렵다. 하지만 그렇게 찾은 열매는 매우 달콤하다. 지금부터라도 인문고전과 같은 책을 읽고 글을 쓰면서 다가올 미래를 준비하자. 매일 꾸준히 읽고 쓰고 많은 경험을 하면서 어떤 생각을 하고 생존전략을 마련해야 되는지 알아보자.

나는 지식이 아닌 상상력으로 대처하면서 미래를 준비하는 자세의 중요성을 인문학으로 배웠다. 상상력의 힘에 대해서는 많은 인재들이 이야기한다. 아인슈타인은 "진짜 지능은 지식이 아니라 풍부한 상상력이다."라고 했다. 경영학의 대가로 평가받는 피터 드러커는 "불투명한 문제가 많은 영역에서는 새로운 상황을 낳게 하는 창조적인 해결 방법이 필요하다. 그래서 우리는 상상력이 풍부해야 한다."라고 이야기했다. 결국 상상력이 지식보다 훨씬 중요하다는 뜻인데 그런 이유로 호기심과 상상력이 없으면 그 인생은 비극이라는 표현이 지나치지 않다. 나는 예전에 친구들과 골프를 하면서 중요한 퍼팅을 잘하기 위해서는 상상력이 필요함을 경험했다. 지금은 상상력의 중요성이 모든 분야에 해당함을 절실히 느끼고 있다.

상상력을 통한 현대판 연금술은 지금도 계속되고 있다. 현대에 와서 '시련의 보석'이라고 불리는 진주 양식의 시도를 '연금술'이라고 부르기도 한다. 진주는 땅에서 캐지 않으며 지구상의 모든 보석 중 유일하게 생명체가 직접 만드는 보석이다. 조개는 어쩌다 자기 몸에 박힌 모래알을 본능적으로 진주층이라는 생명의 즙으로 계속해서 덮어 싸고 또 덮어 아픔을 참아낸다. 그렇게 하지 않으면 모래알이 살을 파고들어 썩어 죽기 때문이다. 그렇게 몇 달 혹은 몇 년이 흐르면 진주가 만들어진다. 이렇게 힘든 과정을 거쳐 만들어진 천연 진주는 당연히 매우 귀하고 비싸다. 실제로 천연 진주 한 알을 얻기 위해서는 대략 1만여 개의 진주조개를 열어보아야 한다. 과거에 진주가 왜 보석의 여왕이었으며 엄청난 가격으로 거래되었는지 수긍이 간다. 가격이 너무 비싸 고대 로마 전성기 시절 비넬리우스는 어머니 진주 귀걸이 한 개를 팔아 전투 자금을 조달했다는 이야기가 있다.

20세기에 와서도 천연 진주는 매우 인기가 있지만 여전히 그 비싼 가격 때문에 왕족과 귀족들을 비롯한 부자들만이 소유할 수 있는 보석이었다. 그 당시에 천연 진주는 금보다 몇 배나 비쌌다. 세월이 흘러 진주목걸이 하나로 뉴욕 맨해튼의 6층짜리 저택을 살 수 있었던 시절에 일본에서 특허 등록이 신청되었다. 그것은 완전히 둥근 모양의 진주를 인공 양식으로 생산하는 방법이다.

일본의 미키모토 고키치가 진주 양식에 나섰을 때 그의 나이 32세였다. 미키모토의 진주 양식 방법은 조개 속에 인공적으로 진주 핵을 집어넣어 기르는 방식이다. 실패를 거듭한 끝에 1893년 드디어 반원형 진주를 만들었다. 그 뒤 1905년에는 원형 진주를 선보였다. 이것으로 그는 생명에 대한 최초의 특허를 받았다. 이 발명은 끈질기게 시도되어 온 진주양식의 상업화를 알리는 기폭제였다. 또한 수천 년 동안 각광받아온 천연 진주 산업의 퇴조를 예고하는 서막이기도 했다. 그가 양식에 성공한 후로 진주는 여러 나라에서 쉽게 생산하고 보급될 수 있었기 때문이다. 결국 일본은 진주 수출 대국으로 떠올랐다.

왕족과 귀족의 전유물이던 진주는 만인의 보석이 되었다. 그때 다급해진 국가들은 걸프만 유역의 토후국들이다. 일본의 진주 양식 성공으로 외화벌이 수단이던 천연 진주가 설 자리를 잃었기 때문이다. 특히 쿠웨이트를 비롯한 여러 중동 국가들은 주력 산업인 천연 진주 수출 격감으로 줄도산을 겪어야 했다. 결국 쿠웨이트를 비롯한 많은 중동국가들은 자원 개발을 대안으로 선택했고 몇 년의 탐사 끝에 유전이 터지면서 위기에서 벗어났다. 일본산 양식 진주가 석유 개발을 자극한 셈이다.

오래전부터 천연 진주조개 잡이나 하던 작은 어촌에 불과했던 두바이가 21세기 사막의 석유 오아시스로, 지금의 두바이로 바뀌게 된 데는 바로 일본산 양식 진주의 역할이 컸다. 그것은 일본인 미키모토가 원인을 제공했기 때문이었다. 이 사례는 미래를 진주나 석유 같은 천연자원에 의존하지 말고 지식재산에 의존해야 한다는 가르침을 주는 주옥같은 사례다.

미키모토가 어떻게 양식 진주를 개발할 수 있었을까? 그는 끊임없이 일을 하면서 인문고전을 비롯한 책을 읽고 글을 썼다. 이러한 노력은 그에게 많은 지식재산과 지혜를 선사했다. 그런 미키모토의 노력이 큰 결실을 맺은 것이다.

우리가 지금까지 이루고 앞으로 달성할 성취는 혁신으로만 가능하다. 혁신에는 상상력이 필요하다. 사람들은 본인이 가진 지혜와 지식재산으로 상상하는 만큼 대처할 수 있다. 더구나 우리나라는 국토는 좁고, 인구밀도는 높으며, 천연자원의 달콤한 추억도 없다. 우리에게는 혁신이 더욱 절실하게 다가온다. 지금의 4차 산업혁명 시대에 독서와 글쓰기를 통해서 단련된 지식재산의 역할은 더욱 강조될 수밖에 없다.

미국에서는 '코닥드'(Kodaked)라는 말이 일반명사처럼 사용된다. 우리나라 말로는 '코닥되다'쯤으로 볼 수 있다. 얼마 전부터는 혁신을 외면하다가 망한 기업이라는 의미로 통한다. 사연은 이렇다. 사진의 대명사로 통하던 코닥은 120년 넘게 필름과 필름 카메라 분야의 선도 기업이었다. 그랬던 코닥이 2012년 파산 신청을 하고 경영 부실에 대한 책임으로 몇 명의 자살자와 함께 문을 닫았다. 코닥의 시작은 뉴욕 로체스터 은행의 서기였던 조지 이스트먼이 현대식 필름을 만든 후 알파벳 K가 강한 인상을 준다고 믿어 회사 이름을 코닥으로 정하면서부터다. 1910년부터 필름은 모두 코닥이라고 부를 정도로 회사가 급성장했다.

그러나 디지털 카메라가 등장하면서 코닥의 명성은 한 순간에 꺾였다. 2000년 이후 디지털 카메라가 확산되면서 필름의 판매량이 감소하기 시작했다. 위기가 분명했으나 코닥은 디지털 카메라 사업 부분의 강화를 추진하지 않았고 오히려 기존 필름 사업을 강화하기 위한 제품 개발과 마케팅에 몰두했다. 1975년에 코닥의 전자사업부 기술자 스티브 세손이 세계 최초로 디지털 카메라를 만들었다. 세손이 최초로 만든 디지털 카메라를 회사 경영진에게 보여줬을 때 경영진은 아주 귀엽지만 아무한테도 말하지 말라고 했다. 재미있게도 코닥은 디지털 카메라가 향후 아날로그 필름 시장 전체를 바꿀 거라 예상했지만 이것에 대한 상용화를 중지시켰다. 코닥은 카메라의 디지털화를 가장 먼저 예견했으면서도 기존

제품을 더욱 공고히 하는 데 집중했다. 자신들의 핵심 사업인 필름 시장의 붕괴를 우려하며 더 큰 시장으로 진출할 기회를 스스로 차단했다.

코닥의 안일함은 여기서 그치지 않았다. 1981년에 일본 소니가 디지털 카메라 제품을 선보이자 코닥 내부에서 디지털 카메라가 언제쯤 기존 사업을 대체할지에 대해서 연구하기 시작했다. 결과는 디지털 카메라가 궁극적으로 카메라를 대체하고 그 시기는 앞으로 10년 후가 된다는 충격적인 내용이었다. 하지만 그런 정확한 조사 결과를 알고도 코닥은 단지 기존 필름의 품질을 높이기만 했다. 안타깝게도 발 빠르게 혁신하지 않고 기존 사업 모델에 안주했다. 그 대가는 참 혹독했다. 코닥은 결국 파산 보호 신청을 하고 최고 경영자는 자살했다.

이렇듯 많은 기업들과 조직 중에는 아날로그에서 디지털로 바뀌는 시대적 흐름을 읽지 못하고 과거의 영광에만 안주하다가 몰락한 사례들이 많다. 몰락한 조직은 여러 번의 혁신 기회가 있었지만 그 기회를 잡은 리더가 없었다. 그리고 리더의 상상력, 지식재산, 지혜의 부재는 참혹한 결과를 초래했다. 무엇이든 상상할 수 있는 만큼 대처할 수 있다. 본인의 지식재산과 지혜, 상상력으로 끊임없이 새로운 것을 시도하는 자세가 바로 미래의 생산력이자 연금술이다. 그 미래의 생산력과 연금술의 중심에는 독서와 글쓰기를 통한 끊임없는 자기계발이 있다.

인문학으로 깨닫다 ④ 『탈무드』

21세기 세상을 주도하는 인재는 유대인이다. 『탈무드』는 유대인의 방식으로 일, 공부, 자기계발에 몰두하는 방법을 알려주는 책이다. 특히 유대인들의 금전 관리 능력에 대한 내용이 인상적이다. 그 내용들을 탐독하면서 글을 쓰면 스티브 잡스, 마크 저커버그, 피터 드러커, 빌 게이츠 등의 위대함을 엿볼 수 있다. 그들은 모두 유대인이다. 탈무드는 유대인의 생각, 자녀교육 방식, 유대인의 경제관념과 금전 관리 능력, 유대인의 사업 방식 등을 알려준다. 『탈무드』는 유대인들이 가지고 있는 지혜의 원천이며 5,000년 역사를 자랑하는 인문고전이다.

자기계발 전문가들과 세계적인 석학들은 인생의 수많은 문제에 대해 변하지 않는 지혜를 구하기 위해 전 세계 리더들의 삶에 지대한 영향을 끼친 『탈무드』에 주목했다. '위대한 연구'라는 뜻을 가진 『탈무드』는 흔들릴 때 힘이 되어준 유대인의 지혜다. 오랫동안 구전되어 오다가 기원후 100년 무렵부터 여러 랍비(스승)들에 의해 책으로 편집되기 시작했으며, 만들어진 위치에 따라 '예루살렘 탈무드'와 '바빌론 탈무드'로 나뉜다. 총 20권, 12,000쪽이 넘는 방대한 분량에는 수천 년 동안 척박한 환경 속에서 살아온 유대인들의 지혜가 담겨 있다.

벤 버냉키, 스티븐 스필버그 등 21세기 IT에서 금융, 문화 등 많은 분야를 선도하는 유대인들의 성공과 인생에 지속적으로 영향을 미치고 있다. 개인의 자유를 빼앗아갈 수 있는 돈의 힘부터 배우자를 선택하는 기준, 끊임없이 변하는 세상에서 상처받지 않고 자신을 지키기 위한 처세법과 냉정한 인간관계의 핵심이 가장 인상적이다.

Mind · Growth · Self · Thinking · Dream · Reading · Training

5장

나는 인문학으로 모든 것을 배웠다

Self-improvement through the Humanities

1

마음 : 마음 경영이 모든 경영의 첫번째다

/

사람의 마음을 경영함이 한 조직의 작동원리이다.
– 작자 미상

마음경영법을 알면 자신과 자신이 속한 조직을 경영할 수 있다. 요즘 은 인문학이 기업 경영 속으로 들어온다. 유능한 기업인들은 기업 경영 을 성공시키기 위해서는 사람을 이해해야 한다고 말한다. 그것 때문에 요즘 인문학이 대세다. 사회 도처에서는 인문학 특강이 유행처럼 열리고 있다. 경영도 마찬가지다. 특히 몇몇 경영자는 '인문학'을 앞세워 경영에 접목하고 있다. 한국을 대표하는 화장품 기업으로 성장하고 있는 한국콜 마를 이끄는 윤동한 회장은 직원 4명으로 시작하여 지난해 매출 1조 원 을 넘어선 중견기업의 리더다.

그는 저서를 통해 사람을 이해하는 학문인 인문학이 경영 활동에 얼마나 중요한지를 설명한다. 기업 경영은 결국 사람의 마음을 얻어 이윤을 내는 활동이다. 사람을 이해하는 인문학이 일반 직장인에게도 필요한 이유다. 윤 회장은 "역사와 철학 공부를 하면 제3의 눈으로 시간과 공간을 바라볼 수 있게 된다."라고 강조했다. 지금은 기존 경쟁 우위를 방어하고 유지함이 핵심 관심사이던 20세기 산업사회와 다르다. 과거 존재하지 않던 새로운 상품과 사업 분야, 그리고 비즈니스 모델을 신속하고 끊임없이 창출해야 한다. 창조와 혁신 경쟁의 시대인 21세기 글로벌 초경쟁 환경에서 경영자에게 가장 중요한 역량은 인문학적 상상력이다. 기존 경쟁 우위를 방어하고 유지하기 위해서는 분석과 계산을 중심으로 한 전통적인 경제적 사고에 의존하면 된다. 하지만 새로운 경쟁우위를 신속하고 끊임없이 창출하기 위해서는 창조와 혁신이 필요하고 이는 꿈과 상상력이라는 인문학적 사고를 갖춰야 가능하다.

합리성에 집착하는 '합리적 바보'는 어떤 사람들일까?

주어진 목표를 효율적으로 추구하고 기존 비즈니스 모델을 완벽하게 실행하는 데 필요한 사고방식과 새로운 목표를 찾아내고 존재하지 않던 새로운 가치를 만들어내는 창조와 혁신의 사고방식은 본질적으로 다르다. 즉 전통적 사고방식이 냉철한 분석과 계산을 중심으로 하는 차가운 이성의 영역이라면, 새로운 사고방식은 전통적 사고의 관점에서는 일견 전근대적이고 바보스러워 보일 수 있는 꿈과 상상력, 장난스러움, 직관

등의 요소로 구성된다. 아직까지 많은 경영자가 21세기에 필요한 창조와 혁신 활동도 꿈과 상상력처럼 낯설고 엉뚱한 사고방식보다는 이미 익숙한 분석과 계산에 의존하고 있다. 이처럼 합리성이라는 명목하에 분석과 계산에 기반한 전통적 사고를 새로운 분야에도 맹목적으로 적용하는 사람들을 '합리적 바보'라고 부른다.

21세기가 요구하는 창조와 혁신에는 전통적 사고방식에서 볼 때 엉뚱하고 비합리적으로 보이는 꿈과 상상력, 직관과 같은 새로운 사고방식들이 오히려 훌륭한 역량이 될 수 있다. 이런 새로운 사고방식을 '바보스러움의 기술'이라고 부른다. '바보스러움의 기술'은 꿈과 상상력, 직관, 개방적 탐구, 지적 유희 등 인문학적 사고로 가득 차 있다. 따라서 인문학적 상상력은 바로 창조와 혁신이 가치 창출의 핵심 관건인 21세기 글로벌 초경쟁 환경에서 모든 경영자가 갖춰야 할 필수 역량이다. 따라서 21세기 글로벌 공동체의 리더를 육성해야 하는 경영 교육에서도 당연히 인문학적 역량이 강조되어야 한다.

연세대 경영대학의 핵심 교육 목표 중 하나가 인문학적 역량을 가진 경영자 육성이다. 그 대학의 강의는 실제 인문학의 혜택을 톡톡히 보고 있다. 학부와 MBA 과정에서 진행하는 조직행동 과목은 매학기 강의평가 1위를 놓친 적이 없다. 그러나 그 비결은 강의력과 전혀 상관없다. 바로 문학, 예술, 역사, 철학 등 인문학의 힘을 적극적으로 빌려 쓰는 데 있다. 실제 기업들의 사례를 중심으로 진행하는 전통적 수업 방식에 문학 작품이나 예술 작품을 적극 활용해 수업 시간에 배운 조직경영에 대한 이론적 지식을 실제에 응용해보는 수업이 각광받고 있다. 심지어 경영학 수업인지 문화예술 분야 수업인지 모르겠다는 말이 나올 정도로 많은 문학 작품과 예술 작품을 활용하고 있다.

예를 들어 최근 영화로도 제작된 쥐스킨트의 『향수』라는 소설은 다양한 인물의 복잡하고 다양한 행동 동기에 대해 어떤 경영 사례보다 풍부하고 깊이 있는 통찰을 제공하며, 특히 주인공인 그루누이라는 천재적 향수 제작자는 21세기 글로벌 초경쟁 환경에서 그 중요성이 급증하고 있는 천재적이고 창조적인 인재의 내면세계와 행동 동기를 심층적으로 이해할 수 있도록 도와준다. 또 예술 분야에서 미켈란젤로나 다빈치, 모차르트, 베토벤, 피카소 등의 창조와 혁신이 어디서 왔으며, 그 가치 창출의 구체적 메커니즘은 무엇인지도 수업의 단골 토론 주제다. 이런 인물들은 어떤 혁신적인 기업들의 사례보다 창조와 혁신의 본질에 대해 훨씬 더 깊은 지식을 제공해준다. 즉 문학과 예술은 과거에 발생하거나 존재하지 않아서 실제 사례를 찾거나 경험해봄이 불가능한 현상에 대해 미리 간접적으로 경험해볼 수 있는 소중한 상상력과 직관을 제공해준다.

역사를 이해하는 것도 경영에서 매우 중요하다. 거시 조직이론의 관점에서 볼 때, 긴 역사적 변동 과정에 대한 이해 없이 현재 상태에만 초점을 맞춘 근시안적 지식으로는 조직과 경영 현상에 대한 정확한 이해가 불가능하다. 또 실무 조직경영에서도 거시적인 역사의 흐름을 이해하지 못하면 장기적으로 지속 가능한 경쟁 우위의 확보가 불가능하다. 따라서 새로운 조직경영 제도나 기법, 개념을 이해할 때는 반드시 그것이 역사적 맥락에서 어떤 의미를 갖는지 해석해봐야 한다. 역사는 경영자를 단기적이고 근시안적인 관점에서 벗어나 과거와 현재, 미래라는 도도한 흐름 속에서 모든 경영의 의사 결정과 행동의 의미를 거시적이고 장기적으로 고찰할 수 있게 해주는 중요한 인문학 분야다.

주요 기업 경영자 중에서도 자신만의 독자적 경영관과 철학을 가지고 있지 않은 사람이 많은데, 이런 경영자는 흔히 다른 기업들의 베스트 프랙티스를 벤치마킹하는 데 급급하다. 그러나 베스트 프랙티스 벤치마킹과 같은 모방 전략은 20세기에는 통했지만 창조적 퍼스트 무버가 수익의 대부분을 독점하는 '승자독식'이 게임의 룰이 된 21세기 글로벌시대 초경쟁 환경에서는 절대 통하지 않는 낡은 관행이다.

따라서 철학은 경영자들이 자신만의 독자적 세계관을 통해 경영 현상을 이해하도록 해준다. 또한 창조적 의사 결정을 내릴 수 있는 '독립적인 사고인'으로 발전하는 데 필수적인 기반이 되는 학문이다. 문학과 예술, 철학, 역사 등에서 배울 수 있는 인문학적 상상력은 창조와 혁신의 시대인 21세기 글로벌 초경쟁 환경에서 그 중요성이 날로 급증하고 있다. 미래 사회에서 인문학적 상상력이 경제적 가치 창출의 핵심 기반이 되리라는 점은 우리나라 영화 산업의 예에서 명확히 알 수 있다. 전 세계 대부분의 국가에서 영화 산업이 몰락한 시대에 우리나라 영화가 유일하게 할리우드의 거대 자본과 경쟁할 수 있는 이유는 무엇일까? 바로 할리우드에서도 거금을 주고 판권을 사갈 정도로 우수한 대본 집필력에 있다고 말한다. 우수한 대본은 분석이나 계산과 같은 경제적 사고가 아니라 문학과 예술이라는 인문학적 상상력에서 나온다.

나는 최근에 인문학적 상상력이 영화나 음악과 같은 문화 산업뿐만 아니라 다른 분야에도 필요하다는 사실을 알았다. 창조와 혁신이 규모나 범위를 제치고 가치 창출의 핵심 메커니즘으로 등장한 21세기 글로벌 초경쟁 환경의 모든 산업과 사회 부문에 공통적으로 필요한 역량이다. 즉 21세기는 미래의 가능성에 대한 무한한 꿈과 상상력을 가지고 있다. 근시적 관점에 사로잡히지 않고 거시적 역사의 흐름에 대한 깊이 있는 이해와 통찰력을 가지고 있다. 자신만의 독창적 세계관과 철학을 토대로 독립적으로 사고할 수 있는 경영자가 필요하다. 즉 인문학적 상상력을 가진 경영자가 필요한 시대인 것이다.

인문고전과 같은 책을 읽고 글을 쓰는 습관은 스트레스를 조절하고 마음을 다스리게 한다. 스트레스를 조절하고 마음을 다스리는 법은 중요한 마음경영법이다. 현대인들은 많은 스트레스를 받는데 문제는 우리가 감당할 수 있는 스트레스에 한계가 있다는 점이다. 그 한계를 넘어서면 조약돌만 한 것도 정신적 균형을 흔든다. 따라서 스트레스를 조절하고 마음을 다스리는 일에 일정한 시간을 할애할 필요가 있다. 그 중심에 '독서 치료'가 있다. 독서 치료를 통해 유아부터 청소년, 성인, 노인에 이르기까지 다양한 장르의 책을 접하면서 상호작용을 통해 문제 상황에 대한 적응과 성장 및 당면 문제 해결에 도움을 받는다.

독서 치료에서 다루는 문제는 자존감, 인간관계, 가족 문제, 우울, 불안, 자기표현, 발달 부진, 학습 부진, 정서 분리 등이 있다. 이는 독서, 글쓰기를 통해 자기통찰과 자기이해 증진, 문제 해결과 행동 수정, 바람직한 인간관계, 정서적인 카타르시스 경험, 책 읽는 즐거움과 적절한 정보를 제공받아 현실을 보는 견해를 넓힐 수 있다. 누구를 만나도 휘둘리지 않고 건강한 자아로 맞서기 위해서는 자신을 제대로 평가하고 자존감을 회복해야 한다. 내 속에 최적의 자아가 자리 잡도록 노력해야 하는데 인문고전과 같은 책을 읽고 글 쓰는 습관이 확실한 도움을 준다.

2

성장 : 시작하기에 늦은 때는 없다

/

사람들이 꿈을 이루지 못하는 한 가지 이유는
그들이 자기계발을 통해 생각을 바꾸지 않고 결과를 바꾸고 싶어 하기 때문이다.
– 작자 미상

인문고전과 자기계발서의 차이는 무엇일까? 인문학으로는 자기계발을 할 수 없을까? 인문학은 말 그대로 사람을 대상으로 하는 학문이다. 대표적인 분야로 철학, 문학, 역사가 있다. 철학은 인간이 무엇인지를 탐색한다. 문학은 인간이 살아가는 이야기를 통해 인간 존재에 대한 이해를 높인다. 역사는 인간이 어떻게 살아왔는지를 살펴서 앞으로 어떻게 살지 들여다보는 활동이다. 예술, 고고학, 언어학, 신학, 음악 등도 포함된다. 인문학을 공부하는 이유를 한마디로 표현하면 새로운 삶을 위한 문장을 얻는 법을 배우기 위해서다.

자기계발이 외부 지향이라면 인문학은 내부 지향이다. 자기계발이 행동이라면 인문학은 성찰에 가깝다. 자기계발이 빙산의 드러난 부분이라면 인문학은 감추어진 부분이다. 나는 대체로 이 말에 동의한다. 하지만 자기계발에 대한 정의를 어떻게 내리느냐에 따라 이 말은 맞을 수도 있고 틀릴 수도 있다. 가령 성공이나 처세, 협상에 대한 자기계발서도 저자가 역사나 사람에 대한 깊은 생각을 통해 저술했다면 새롭게 탄생한 인문학이며 자기계발서라고 할 수 있다. 나는 인문고전 위주의 책들을 읽고 글을 쓰면서 자기계발을 했다.

독서와 글쓰기를 꾸준히 실천하면서 무엇을 새로 시작하기에 늦은 때가 없음을 알았다. 새로 시작하기에 늦은 때가 없음을 알려주는 사례가 있다.

어릴 적 TV에서 보았던 〈빠삐용〉이라는 영화는 내 기억의 한 부분에 자리 잡고 있다. 한 남자의 자유에 대한 갈망을 보여주는 내용이었는데 그중 독방에 갇혀 배고픔에 바퀴벌레를 잡아먹으면서도 탈출을 계획하던 주인공 스티브 맥퀸의 얼굴을 잊을 수 없다. 마지막 장면, 가까스로 친구와 절벽 앞에 선 두 사람. 엄청난 높이의 절벽을 마주한 두 사람의 운명적 선택은 아직 어린 나이였던 나에게도 각인이 될 정도였다. '자유'를 갈망하던 빠삐용이 망설이는 친구를 뒤로한 채 행복한 미소를 띤 채로 절벽에서 뛰어내릴 때의 짜릿함은 이루 말할 수 없었다. 그런데 이 빠

빠삐용의 원죄가 인생 낭비였다는 내용은 미처 몰랐다. 인생을 낭비한 자가 갇혀 지내면서 자유의 소중함과 인생의 의미를 다시 찾는 과정이 얼마나 처참한지를 깨닫는 심오한 내용이었음을 나중에 알았다. 빠삐용뿐만 아니라 시간의 소중함을 모르고 사는 사람들 역시 인생을 좀 더 진지하게 생각해봤으면 좋겠다.

이민규 교수가 쓴 『내 인생을 결정짓는 긍정의 심리학』은 2006년에 발간된 책인데, 전반적으로 긍정적이거나 자신의 선택에 대한 이야기로 구성되어 있다. 재미있게도 심리학적인 전문 용어나 학술적 내용으로 채워진 것이 아니라 실제적인 사례나 연구 내용을 쉽게 풀어내 거침없이 읽힌다. 특히나 개인적으로 '자신의 내면적 통제' 부분은 아주 공감이 많이 되는 부분이었다.

"보통 사람들은 우스울 때 웃는다. 그러나 행복한 사람들은 웃을 일이 없을 때조차 웃는다."
"행동을 바꾸려면 말투부터 바꿔라."

나는 과거에 말하기 좋아하고 특히 긍정적이거나 부정적인 말을 떠나 우선 생각 없이 내뱉는 일이 다반사였다. 그리고 말하고 난 후에 후회하는 일이 많았다. 말수를 줄이고 천천히 말하는 습관을 들여야지 하면서도 그게 잘되지 않았다. 말이 많고 빠르면 분명히 실수를 하게 된다. 여기에 부정적이기까지 하면 정말 입만 열면 후회할 거라 생각한다. '해결방법이 하나라는 생각을 버린다.'와 '불혹이라는 말에 혹하지 않는다.'는 목차는 놀라움 그 자체다. 가우스의 덧셈 방식은 정말 놀라움이다. 늘 인생은 정답을 찾는 게임이 아니라 정답을 찾아가는 과정일 뿐이라는 생각이 있었다. 그것을 통해 정답에 도달하든 못 하든 과정이 중요하고 정답은 하나가 아니라는 생각을 하는 편이다.

하지만 늘 생각에만 머무를 뿐 이렇다 할 삶의 지표나 방향도 표면적으로 옮기지 않았다. 늘 하고 있는 일이 나와 맞는지를 고민하고 내가 하고 싶고 행복해질 수 있는 일인가에 대한 고민은 현실적인 생각에 묻힌다. 그리고 '어쩔 수 없지 않은가.'라는 결론으로 위안 삼으며 이미 살아왔고 예정된 방향으로 무거운 발걸음을 옮긴다. 그리고 그런 인생을 이어나가며 지친다는 생각을 한다. 그리고 일과 관계된 만남과 그런 삶에서 이루어지는 관계에 피로를 느낀다.

이런 일상에 무뎌진 행복은 감상일 뿐이었는데 이 짧은 목차를 읽으며 흥분한 이유는 무엇일까? 아직 내 고민은 진행형이라는 생각이 들기 때문이다. 얼마든지 정답은 여러 개일 수 있으며 31세인 내 나이는 아직 정답을 제출할 필요가 없는 시간이라는 깨달음을 얻었다. 거창하게 인생을 논하기에는 아직 얕고 계속해서 수많은 선택의 갈림에서 고민하고 결정하는 게 인생이다. 그런 이유로 이 책은 긍정적인 선택이 자연스러워지도록 도와주었다. 무엇보다 새로 시작하는 데 늦은 나이가 없다는 가르침을 줘서 강력하게 추천하고픈 훌륭한 도서이다.

따라서 요즘 현대인들에게 인문고전 같은 책을 읽고 자기계발을 하는 방법이 절실한 것이다. 나는 매일 독서와 글쓰기를 실천하면서 많은 지식인, 학자, 위인들이 인문고전을 통해 널리 배우고 뜻을 돈독하게 했음을 알았다. 또한 인문고전을 바탕으로 다양하게 지식을 넓히면 도리에 밝아지고 신념이 굳으면 행동이 바르게 된다는 사실을 알았다. 그리고 모르는 것을 물어서 깨닫고 생각하는 태도를 지니면 인(仁)에 도달할 수 있음을 깨달았다. 이와 관련된 이야기가 있다.

여러 사람들이 랍비를 찾아가서 배움을 청했다. 그러자 랍비는 가르칠 만한 제자를 뽑기 위해 질문을 던졌다. 길에서 황금을 주우면 어떻게 하겠느냐고 사람들에게 물었다. 한 사람은 당장 주인에게 돌려주겠다고 했다. 또 다른 이는 보는 사람이 없으면 자신이 가지겠다고 했다. 남은 한 사람은 갖고 싶지만 유혹을 물리치기 위해 기도하겠다고 답했다. 랍비는 마지막에 대답한 사람을 제자로 삼았다. 그 이유는 배움을 얻고자 하면 '나'라는 생각하는 실체가 있어야 하고 그릇되었더라도 이를 반성하고 거듭나기 위해 노력해야 하기 때문이다.

나는 인문고전을 비롯한 다양한 책을 읽고 글쓰기를 실천하면서 배우면 어둠을 헤쳐 나갈 수 있음을 깨달았다. 예전에 모 기업의 수석연구원으로 재직 중인 선배에게 이미 아는 지식도 방대하고 가진 능력도 많은데 왜 계속 독서와 글쓰기를 하면서 배움에 힘쓰는지 물었다. 그러자 그 선배는 미소를 지으며 이렇게 대답했다.

"내가 아는 것을 원으로 생각해봐. 그러면 원의 바깥은 모르는 것들이야. 배우면 배울수록 자신의 원은 커져. 그런데 원이 커질수록 외부와 닿는 부분도 넓어지지. 즉 지식과 능력이 커진다고 해서 무지함이 줄어들지 않아. 무지함이 더 커질 수도 있어. 그런데 어떻게 배움에 힘쓰는 태도를 게을리할 수 있겠어?"

벤자민 프랭클린은 가난한 청교도 집안에서 태어나 학교는 1년만 다닌 사람이다. 그러나 그는 어머니의 청교도 교육에 많은 영향을 받았다. 어려서부터 열심히 일했고 방대한 양의 독서, 글쓰기로 많은 지식을 쌓았다. 그는 미국의 철학회 창시자가 되었고, 피뢰침의 발명가가 되었으며, 초대 프랑스 대사로 파견되기도 했다. 그는 "재산을 얻기 위해 덕을 팔지 말고, 권력을 얻기 위해 자유를 팔지 말라."는 명언을 남겼다.

또한 그는 어릴 때부터 13가지 덕목을 정해서 평생 지켰다. 그 덕목의 첫 번째는 '절제'이다. 절제하는 자는 덕을 세우며 덕을 세우는 자는 절제

한다. 그런 사람은 시험에 빠지지 않고 다른 사람을 시험 들게 하지도 않는다. 덕성은 사람을 세우는 힘을 가지고 있다. "미는 멸망해도 덕은 멸망하지 않는다."라는 속담도 있지 않은가.

　그러므로 인문고전 독서와 글쓰기를 통한 자기계발은 미래를 설계하는 든든한 초석이 된다. 그리고 그 습관은 미래를 비춰주는 등대다.

3

자아 : 나를 이해하는 명확한 사람이 되었다

/

준비 여부에 관계없이 열망을 실현하기 위한 명확한 계획을 세워라.
즉시 착수하여 그 계획을 실행에 옮겨라.
– 나폴레온 힐

인문학이 명확한 사람을 만들 수 있을까? 인문고전은 도대체 사람에게 어떤 효과를 줄까? 우리는 한 치 앞을 내다볼 수 없는 격동의 시대를 살고 있다. 인공지능, 블록체인, 자율주행 자동차, 생명공학, 핀테크 등 각종 첨단산업의 전문가들이 세상은 빠르게 변화하고 있다고 주장한다. 미래의 생활양식은 기존의 생활양식과 다르다고 전망한다. 이러한 변화 속에 노출된 사람들이 정작 어떻게 대처해야 할지 속 시원하게 말해주는 이가 없다. 나의 미래는 어떨지, 퇴직 후에는 어떻게 해야 될지, 자식 교육은 어떻게 시켜야 할지 고민이다. 불안을 부추기는 요인이 산재해 있지만 대부분의 사람은 명확한 갈피를 잡지 못하고 있다.

한편 지금은 역사상 가장 많은 수준의 정보가 축적되어 있고 이에 대한 접근이 용이해졌다. 하지만 이것을 엮어 위대한 생각을 도출해내는 지혜의 힘을 빌리기는 어려워졌다. 이럴 때 번뜩이는 통찰력으로 방향성을 제시해주는 사람들은 소수의 선구적 안목을 지닌 경영자 및 지식인들이다. 현재 그들이 예언하는 충격적인 미래는 납득하기 어렵고 황당한 공상으로 취급될 수 있다. 그럼에도 불구하고 우리는 그들의 말에 귀를 기울여야 한다. 이들이 대담하게 예견하는 미래의 양상은 다음과 같다.

구글의 미래학자 레이 커즈와일은 2045년을 특이점으로 정의했고 인공지능의 발전이 가속화되어 인간을 추월하게 되는 시기라고 말했다. 그러기에 그는 새 시대를 대비해야 한다고 주장한다. 테슬라의 회장 엘론 머스크는 인공지능을 인류가 당면한 최대의 위협으로 간주했다. 이에 그는 인간을 보존하기 위해 화성 식민지를 개척하려고 기술을 개발하는 중이다. 천재 과학자 故스티븐 호킹 역시 AI 때문에 인류가 멸망할 수 있음을 알렸다. 마윈, 빌 게이츠, 제프 베조스, 마크 저커버그 등의 첨단산업 거물들도 무인 자동화로 인한 일자리 잠식, 로봇세, 기본 소득 등을 주장한다.

만약 이들의 예언이 현실화된다면 대다수의 평범한 사람에게 위기가 닥친다. 그 이유는 새로운 시대에 혜택을 입는 존재가 소수의 엘리트이기 때문이다. 오히려 변화의 물결에서 소외된 대다수 사람이 잉여인간으로 전락하고 빈곤하게 살 확률이 높다. 이처럼 섬뜩한 첨단 기술의 위력이 대중에게 각인된 시기는 2016년이다. 바둑 챔피언 이세돌과 알파고의 대결에서 첨단 기술의 위력이 증명되었다. 고차원의 두뇌활동 분야에서 인간이 기계에게 패배했다. 그 후에는 '4차 산업혁명'의 파괴력이 부각되었고 이에 대한 관심이 폭발적으로 증가했다.

특히 미래에는 로봇이 할 수 없고 인간만이 할 수 있는 일을 해야 한다는 공감대가 형성되었다. 결국 인문학의 역할이 재조명을 받았다. 미디어 및 사교육 시장에서는 인문학 열풍이 불고 많은 글로벌 기업도 직원들에게 인문학적 능력을 요구한다. 하지만 일시적인 유행에 휩쓸려서 시장에 산재된 '인문학 정보'를 습득하는 것이 좋을까? 과연 그것으로 진짜 인문학을 배울 수 있을까? 인문학은 인간을 탐구하는 학문이다. 학습자로 하여금 지적인 호기심과 비판적인 사고를 유발하고 스스로 답을 찾도록 만드는 것이 바로 인문학의 역할이다. 따라서 성숙한 인간을 길러내고 인간사회가 바람직한 방향으로 발전하기 위해 인문학이 필요하다. 또한 다가올 미래의 파괴적 변화에 대응하기 위해서도 인문학은 필요하다.

하지만 인문학의 위기는 심해지고 있다. 많은 현대인들이 어렵게 획득한 정치적, 사회적, 경제적 진보 및 인간이라는 정체성을 포기하고 있다. 스스로의 편의를 위해 만들어낸 거대한 문명에 사육되고 있다. 동물로

퇴보하고 있다. 우리는 전례 없는 물질적 풍요를 누리고 있지만 인간성의 결핍과 존재의 상실은 점점 가속화되고 있다. 더욱 안타까운 점은 이를 바로잡아야 할 인문학 지위가 끝없이 추락하고 있다는 것이다.

인문학은 오랫동안 일부 사람들만 향유했다. 인문학을 배울 권리가 소수 엘리트에게만 있었던 것이다. 그러다가 중세시대 이후 대중에게 제한적으로 확산되었다. 통상적으로 피지배계급이 고된 생산 활동에 전념할 때 지배계급은 통치와 인격 수양을 위해 인문학을 공부했는데, 이는 큰 변화였다. 인문학의 문턱이 낮아진 계기는 15세기이다. 그 시기에 구텐베르크의 인쇄혁명으로 책이 대중화된다. 이후에 발생한 역사를 바꾼 개혁들은 인간에 대한 깊이 있는 고민과 인문학적 가치를 담은 책에서 촉발되었다.

그러면 인문학이 다루는 진짜 본질은 무엇일까? 즉 인간이란 무엇인가? 많은 인문학도들은 인간을 자의식과 유일성을 가진 불완전한 존재라고 정의한다. 완전무결하거나 극단적인 1가지 특징만을 가진 사람은 없다. 잔인무도한 전쟁광이 음악과 꽃을 좋아하는 사람일 수 있다. 그리고 정의로운 환경단체의 대표가 인종차별주의자일 수도 있다. 우리는 단지 선과 악, 흑과 백, 불과 얼음 등과 같은 대조적인 특징의 중간에 있다. 우리는 '사회성'이라는 교집합 영역에 예속되어 있다. 그러면서 주어진 역할과 상황에 따라 자신의 성향을 알맞게 조절하며 타인들과 소통한다.

이러한 현실적 제약에 따른 인간의 공통성에도 불구하고 사람이라면 자신의 유일성을 나타내는 표식이 있다.

'인간다움'은 고유의 유일한 자아이고 자기의 본래적 상태를 발전시켜 실현한다. 인간다운 인간이란 자신에게 잠재된 가능성을 발견하고 자신의 방식으로 계발하여 하나의 위대한 예술로 나타내기 위해 분투하는 자이다. 이들이야말로 자신의 삶을 살고 살아서 존재하는 인간다운 인간이다. 하지만 삶의 여러 제약은 이를 방해한다. 관습의 덫에 빠진 자들은 이러한 유일성을 애써 외면하거나 망각한다. 심지어 타인의 인간다움을 파괴한다. 특히, 놀라운 점은 사람들이 자신에게 무지한 채 타인의 삶을 산다는 점이다. 이것은 삶의 주권을 상실한 노예의 삶이다.

우리가 인문학을 통해 명확한 사람이 되어야 하는 이유가 이거다. 인간을 탐구하는 학문인 인문학을 통해 자신을 이해하고 나답게 살자. 거기서 더 나아가 관용과 포부로 무장한 올바른 태도로 세상을 대하자. 인간은 두 부류로 나뉜다. '너 자신을 알라'는 소크라테스의 가르침을 적극적으로 실천하는 사람들과 그렇지 못하고 타인의 삶을 사는 사람들이다. 전자의 경우는 '왜'라는 근본적인 물음에 대한 답을 치열하게 고민한다. 존재의 의미를 부여하여 자신의 삶을 완성한다. 이들은 급변하는 변화 속에서 중심을 잃지 않고 적절히 위기를 헤쳐 나간다. 반면 인문학적 능력이 결여된 사람들은 쏟아지는 정보와 과학기술의 홍수 속에서 중심을 잡지 못한다. 철저히 타인의 삶을 살게 된다. 이들 중 일부는 자신이 동물처럼 사육당한다는 사실을 깨닫지 못한다. 그러므로 '인문학을 통해 명확한 사람이 되는 법'은 지금 당장 절실하다.

나는 인문고전을 비롯한 많은 책과 글쓰기 습관으로 명확한 사람이 되었다. 독서와 글쓰기는 나를 명확한 사람으로 만들었다. 내가 알고 있던 지식에 확신을 주었다. 이론적 배경이 바탕이 된 내 의견은 듣는 사람들에게 신뢰를 줬다. 처음에는 '잘난 척' 같아 보이던 말과 행동이 계속되자 믿음으로 변했다. 그러면서 나는 점점 독서 습관을 신뢰하게 되었고 많은 책은 나에게 좋은 결과를 보여줬다. 그런 선순환 과정 속에서 나는 훨씬 더 열심히 배웠다. 꾸준히 독서와 글쓰기를 하면서 인터넷 사전을 찾는 일도 많아졌다. 뜻이 정확하게 이해되지 않는 단어를 찾기 시작했다.

또한 독서와 글쓰기를 통해 옳고 그름을 판단하는 법을 배웠다. 그리고 인문고전을 비롯한 책을 읽고 글을 쓰는 습관을 통해 저자들의 말을 거울로 삼아 지식을 넓히고 두뇌와 마음에 영양을 공급하는 여행을 했다. 외형적인 몸의 균형을 위해서는 알맞은 영양과 운동이 필요하지만 내면을 살찌우고 정신을 맑게 하려면 독서와 글쓰기로 풍부한 마음의 밭을 가꾸어야 함을 깨달았다. 데카르트는 "좋은 책을 읽으면 과거의 훌륭한 사람들과 대화할 수 있다."라고 했다. 에디슨도 "책은 위대한 천재들이 인류에게 남겨 놓은 훌륭한 유산이다."라고 했고, 이황은 "책을 읽는 데 어찌 장소를 가리느냐?"라고 했다.

그러므로 인문고전을 비롯한 많은 책을 읽고 글을 쓰면 달라진다. 도산 안창호 선생은 "성격이 모두 나와 같아지기를 바라지 마라. 매끈한 돌이나 거친 돌이나 다 제각기 쓸모가 있다. 남의 성격과 내 성격이 같아지기를 바라면 안 된다."라고 말했다. 미국 작가 데일 카네기는 "행복한 일을 생각하면 행복해진다. 비참한 일을 생각하면 비참해진다. 실패에 대해 생각하면 반드시 실패한다. 자신을 불쌍히 여기고 헤매면 배척당한다."라고 했다.

혼자 책을 읽고 글을 쓰면 천천히 '나'라는 사람이 보이는 현상을 경험한다. 마치 거울을 보듯이, 책이 비로소 진짜 나의 문제를 만나게 한다. 남 탓이 내 탓이 되고, 남이 변해야 한다는 생각은 내가 변해야 한다는 결론으로 바뀐다. 나만 힘들다는 생각도 변해 세상에는 나보다 힘들어도 이겨내는 이가 많음을 알게 된다.

4

사색 : 깊이 생각하는 법을 익혔다

/

인문고전은 해박한 인간을 만들고,
글쓰기는 정확한 인간을 만들며, 대화는 민첩한 인간을 만든다.
— 괴테

인문고전서를 읽고 글을 쓰면서 점점 생각이 깊어짐을 깨달았다. 그 이유는 독서와 글쓰기를 통해서 지식재산을 확장할 수 있기 때문이다. 요즘 대학생들은 깊이 있는 생각을 하는 능력이 부족하다. 그것 때문에 인문학으로 깊이 생각하는 법을 배우는 공부는 그들에게 절박하다. 대학에서는 고등학교 교과서에서 배운 지식으로만 따라가기엔 역부족이다. 고등학교 과정에서 배운 지식은 기초 과정에 불과하다. 그럼에도 우리나라 고등학생들은 그런 기초적인 지식을 배우는 교과 과정에서도 일방적으로 주입받는 수업에 익숙해져 있다. 이런 상태로는 대학에서의 학업을 수행하기 어려울 수도 있으며, 다가오는 시대를 준비하기도 어렵다.

이런 면에서 인문고전을 읽고 글을 쓰는 습관은 절실하게 필요하다. 독서와 글쓰기는 모든 공부의 기초이며 대학 생활의 기본 소양이다. 책을 읽고 글을 쓰는 습관은 교과서의 한계를 넘어 궁금증을 해결하고자 선택할 수 있는 지적 역량을 확장시키는 방법이다.

학생이 공부를 위해 읽은 책을 보면, 학생의 독서 능력과 지적 수준에 대해 이해할 수 있다. 어떤 분야에 관심을 가지고 있는지도 알 수 있다. '2018학년도 서울대학교 학생부 종합 전형 안내'에는 독서에 대해 다음과 같이 설명이 나와 있다.

"독서와 글쓰기는 모든 공부의 기초가 되며, 대학 생활의 기본 소양이다. 특히 명문대일수록 인문학적 소양을 강조한다. 어디서 책을 찾을까? 수업 안에서도 답을 얻을 수 있다. 교과와 관련된 인문학, 사회과학, 자연과학, 철학, 공학 분야 도서를 수업활동 중 교수님이 추천해주실 수도 있고 토론 활동, 주제탐구 활동에서도 관련 도서를 만날 수 있다."

어떤 책을 읽고 글을 써야 할까? 그것은 학생들의 선택이다. 이미 학교생활에서 도서를 선정하는 계기를 많이 접할 수 있다. 더 알고 싶은 분야의 전문서적을 찾아 읽을 수도 있고, 호기심으로 책을 선택할 수도 있다. 책을 읽다가 생긴 궁금증으로 또 다른 책을 선택하기도 한다. 서울대학교는 독서를 통해 생각을 키운 큰 사람을 기다린다. 서울대는 어떤 분야의 책을 읽든지 아무런 문제를 삼지 않는다고 하였다. 단지 자신이 읽고 싶은 책, 자신이 원하는 책을 읽으면 된다는 했다. 나는 경험상 독서와 글쓰기에 관심 있는 친구들에게 정말 읽고 싶은 책과 알고 싶고 관심이 있는 분야의 서적을 찾아서 읽고 글을 쓰라고 권한다.

사실 내가 즐겨 읽는 책이 인문고전이라 인문학 관련 도서들을 추천하는 경우가 많다. 학생들은 자신의 대학에서 권장하는 도서 목록에 준하면 좋지만 자신이 공부하면서 새롭게 알기를 원하는 지적인 호기심 수준에 따라 책을 선택해서 읽는 것이 좋다.

세계적인 명문대에서 원하는 학생은 독서와 글쓰기를 통해서 지식의 양과 질을 확장한 학생이다. 지식의 양과 질은 학생이 갖고 있는 내용적 지식과 절차적 지식이다. 지식의 양이란 지식의 넓이와 깊이를 말한다. 지식의 넓이는 교과서를 기본으로 하되 교과서 밖의 영역을 포괄하는 지식이고, 지식의 깊이는 배운 지식을 암기와 이해, 적용을 넘어 융합하는 단계까지 포함한다. 지식의 질은 과정적 지식에 해당하며 스스로 학습하고 설계하여 탐구하고 이행하는 능력을 말한다. 즉 읽고 싶은 책을 읽고 글로 정리하면서 지식의 넓이와 깊이를 더할 수 있다. 또한 궁금증을 해결하기 위해 스스로 학습을 설계하고 이행하는 탐구 활동 경험도 여기에 해당한다.

학교에서 배운 지식을 공부하면서 생기는 궁금증을, 교과서가 아닌 다른 책들을 깊이 있게 탐구하여 자신이 알고 싶은 지점까지 공부해라. 그 후에 다른 교과나 영역에 적용하면 진정한 독서와 글쓰기를 통해 지식의 양과 질이 확장된다. 명문대는 그런 과정과 경험을 많이 가진 학생을 환영한다. 나는 신문을 통해 명문대 합격자의 상당수가 자기소개서 1번 항목에서 수업 시간에 생겼던 궁금증을 해결하는 방법으로 독서와 글쓰기를 선택했음을 알았다. 대개 고등학생에게는 약간 버거운 정도의 난이도를 가진 책들이었고, 때로는 관련 논문을 찾아서 참고한 학생들도 있었다.

하나의 수학적 개념 원리를 이해하기 위해서 대학 전공서적을 공부하여 궁금증을 해결한 학생이 있는가 하면, 수학적 원리를 다른 과목에 적용하여 탐구한 경험을 한 학생도 있었다. 물리학적인 개념을 이해하기 위해 전공 관련 서적을 읽은 경우도 있었다. 물리 천문학부의 A는 자신이 양자역학에 흥미를 느껴서 물리에 대한 지식을 확장하는 데 독서와 글쓰기를 활용했다. 그리고 양자물리에 관한 책을 읽는 자율동아리를 구성해 그 책들을 이해하기 위한 노력을 계속했다.

명문대 입학에 합격하고 싶은가? 그러면 수업 시간에 배운 기본 개념을 심화 확장하는 수단으로 독서와 글쓰기를 택하라.

나는 인문고전을 읽고 글을 쓰면서 깊게 생각하는 습관이 생겼다. 이 습관은 나의 관점을 변화시켰다. 관점의 변화는 나를 한 번 더 고민하게 만들었고 무엇인가 꾸준히 생각하는 힘을 길러줬다. 이러한 관점의 변화는 나 자신을 긍정적으로 만들었다. 설사 좋지 않은 상황에 직면해도 긍정적인 사고를 끊임없이 하게 했다. 이런 모습이 나를 더욱 독서에 빠지게 했다. 나는 독서와 글쓰기가 생각을 바꾼다는 결론을 내렸다. 의식하지 않아도 읽고 쓴 대로 생각하도록 자신을 바꾼다. 그렇게 바뀐 나의 생각은 나의 미래를 바꾼다. 내가 독서와 글쓰기를 꾸준히 하지 않았으면 지금의 나는 존재하지 않았을 것이다.

특히 인문고전을 비롯한 책을 읽고 글을 쓰면 메타인지가 높아진다.

'메타인지'는 인지 활동에 대한 인지이며 자신의 인지능력을 알고 조절하는 능력이다. 다시 말해서 내가 무엇을 모르고 무엇을 아는지를 아는 인지능력이다. 한 단계 고차원을 의미하는 '메타'와 어떤 사실을 안다는 뜻의 '인지'를 합친 용어다. 예를 들어 달리기를 한 달 배운 아이가 '나는 100m를 완주할 수 있는가'를 판단하고 만약 완주할 수 없다면 부족한 게 체력인지 기술인지를 판단할 때 메타인지가 사용된다. 따라서 메타인지능력이 높으면 자신의 능력과 한계를 더욱 정확히 파악해 시간과 노력을 필요한 곳에 투자하므로 효율성이 높아진다. 한 방송사에서 전국모의 고사 석차가 0.1% 안에 들어가는 학생들과 성적이 평범한 학생들을 비교하는 실험을 했다. 예상과 달리 두 집단 사이에 확연한 차이가 드러나는 부분은 IQ나 집안 환경, 공부하는 시간이 아니라 '메타인지'였다. 0.1%인 아이들의 메타인지가 훨씬 높았다. 메타인지력이 높은 아이의 특징은 공부에서 모르는 부분에 대해 완벽하게 숙지할 수 있을 때까지 매달린다. 또 시험을 보고 난 후에 채점하지 않아도 본인의 점수를 어느 정도 예측하고 틀린 문제를 대하는 태도도 다르다. 메타인지력이 낮으면 아는 문제인데 실수했다고 곧잘 표현하지만 메타인지력이 높으면 실수라고 생각하지 않고 몰랐다고 말한다. 메타인지는 단순 학습에만 적용되지 않고 성인이 되어서도 전반적인 업무처리에 적용된다. 성인이 되어서 직장생활을 하면 다양한 상황과 마주한다. 이때 일을 어떤 방식으로 처리할지 전략을 세워야 하는데 메타인지가 낮은 사람을 그러한 전략을 잘 구사하지 못한다.

메타인지를 높이는 방법은 독서와 글쓰기이다. 인문고전이나 관련 서적을 읽고 글을 쓰면 다양한 전략을 배울 수 있어 메타인지를 높일 수 있다. 우리가 하고자 하는 것에 대한 전략을 배우면 자연스럽게 왜 그 전략이 나왔는지 생각하게 된다. 이로 인해 자신을 객관적으로 알게 되고 메타인지가 올라가며 자신만의 전략이 나온다. 메타인지가 높아지면 자신의 한계를 알고 극복할 수 있는 전략을 세울 수 있는 것이다.

인문고전을 읽고 글을 쓰는 습관은 풍부한 스키마를 만들어준다. 사람들은 자신만의 '스키마'를 통해 세상을 보고 이해한다. 과거의 경험에 의해 생성된 지식이 환경에 적응하고 대처하도록 하는 역할을 담당하는 스키마는 자신이 이해하는 사유의 틀이다. 사람은 스키마를 가지고 있기 때문에 주위 환경에 대해 체계적인 대응을 할 수 있다. 만약 이러한 스키마가 없다면 외부에서 자신에게 주어지는 자극이 아무 이유 없이 자신에게 닥치는 우연의 사건처럼 보인다. 스키마는 낱개로 존재하지 않고 스키마들끼리 연관성을 가졌다. 그리고 연관의 정도에 따라 네트워크 형태를 갖추게 된다.

선입견이나 고정관념도 스키마의 한 형태다. 어떤 사람이 자신의 인생관을 잘 바꾸지 않는 행동도 바로 스키마의 견고함을 설명해주는 예다. 레몬과 오렌지 중 한 가지를 먹어야 한다면 대부분의 사람은 오렌지를 선택한다. 지금 먹지 않았어도 과거의 경험에 의해 레몬은 신맛이 연상되고 오렌지는 달콤한 맛이 연상되기 때문이다. 이것이 스키마다. 과거 지식과 반응에 대한 결과를 알기에 사람은 무의식적으로 이에 대처할 수 있다. 또한 어떤 특정 인물, 물건 등에 대해서도 그에 알맞은 반응을 보일 수 있다. 흩어진 정보 조각을 지식의 패턴으로 조직해 사고에 깊이와 풍부함을 제공하는 틀인 스키마, 인간의 지적 역량은 대부분 오래 걸려 획득한 스키마에서 나온다.

많은 경험을 한 사람은 풍부한 스키마의 형성으로 사고의 폭이 넓어 더 정확한 결정과 방안을 도출해낼 수 있다. 그래서 많은 경험이 중요하다. 하지만 그 수많은 경험을 다 하기에는 시간과 비용의 한계가 있다. 그래서 인문고전 같은 책을 읽고 글을 쓰는 습관을 통해 풍부한 스키마를 형성시켜야 한다. 그렇게 해야 올바른 판단과 결정을 내릴 수 있다.

인문고전을 읽고 글을 쓰는 습관은 메타인지와 스키마를 길러준다. 또한 깊이 있는 생각을 할 수 있게 도와주는 최고의 학습법이다.

5

꿈 : 내 최고의 미래를 발견했다

/

양서를 처음 읽을 때는 새로운 꿈을 발견하는 느낌이 들고
전에 읽었던 책을 다시 읽으면 예전의 꿈과 만나는 느낌이 든다.
– 골드 스미스

인문고전을 읽고 글을 쓰면 최강의 미래를 꿈꿀 수 있다. 나는 독서와
글쓰기가 꿈과 목표를 가르쳐주는 진짜 스승이라고 생각한다.

"당신의 꿈, 목표는 무엇입니까?"라는 질문을 받았다고 가정해보자.
바로 대답할 수 있는가? 10초 안에 바로 대답하지 못하면 당신은 명확한
꿈, 목표가 없다는 뜻이다. 절실하고 간절한 꿈이 있는 사람은 바로 대답
할 수 있다. 타인이 이름을 물어보거나 나이를 물어보면 우리는 생각하
지 않고 바로 대답할 수 있다. 이처럼 당신의 꿈, 목표를 물어보는 대답
도 바로 나와야 한다. 간절히 이루고 싶은 꿈, 목표를 찾지 못했거나 꿈,

목표가 있어도 확신이 없다면 인문고전 같은 책을 읽고 글을 써라. 그것이 해답의 지름길이다.

　독서와 글쓰기를 꾸준히 하는 사람은 간접 체험을 끊임없이 한다. 그러면서 앞으로 이루고 싶은 꿈과 목표를 계속 갈망하고 그것을 이루기 위해 노력한다. 본인의 미래를 치밀하게 계획하고 실천하는 사람이 된다. 누구나 꿈과 목표는 있다. 지금은 비록 10초 안에 대답하지 못하더라도 곰곰이 생각해보자. 그러면 오래전부터 바라던 무언가가 떠오른다. 점점 생생하게 꿈이 살아난다. 나는 독서와 글쓰기를 실천하며 내 안에 잠든 거인을 깨웠고 점차 책을 쓰고 강연하는 삶을 꿈꿨다. 힘든 시기를 독서와 글쓰기로 극복했고 자연스럽게 독서와 글쓰기를 체계화했다. 그러자 꿈의 실현이 가속화되었다. 책을 읽고 글을 쓰면서 나의 메시지를 한 권의 책으로 저술하리라 다짐했다. 많은 사람들의 마음을 움직이고 희망을 전하고 싶었다. 몰입 독서, 글쓰기의 힘이 잠재의식에 새겨진 인생 목표를 일깨웠고 행동으로 이어지게 된 것이다. 마침내 나는 독서와 글쓰기를 통해서 작가의 삶을 살게 되었다. 나는 책을 읽고 글을 쓰면서 생생하게 꿈꾸기를 실천했다.

　어떤 인문학 관련 책을 읽은 다음 날이었을까. 나는 당장 마음에 와닿는 구절을 필사하고 소리 내어 말했다. 그리고 꿈도 함께 기록했다.

"나무가 그늘을 약속하고 구름이 비를 약속하듯 변치 않는 꿈은 당신에게 성공을 약속한다. 생생하게 꿈꾸고 간절하게 실천하면 반드시 이루어진다."

이 구절은 세상에 좋은 변화를 주는 한 사람으로 자신 있게 강의하는 직장인이자 베스트셀러 작가가 한 말이다. 이 문구를 휴대전화의 메모에도 입력했다. 힘들고 시련과 역경이 닥칠 때마다 독서와 글쓰기를 하면서 이 문구를 읽었다. 그렇게 항상 생활 속에서 꿈을 일깨우고 각인시키려 노력했다. 이 문구는 내 서재의 한쪽 면에도 크게 붙어 있다. 선언문과 같은 이 문구는 내게 독서와 글쓰기와 함께 힘을 주었다. 나는 잠을 자기 전이나 기상 후에도 이 문구를 소리 내어 읽었다. 자신이 하는 일에서 흥미를 느끼면 결코 피곤하지 않다. 나는 막힘없이 독서와 글쓰기를 할 수 있는 날에는 배고픔도 느끼지 않는다. 이 흐름을 놓치고 싶지 않아서 밥도 거르면서 글을 쓰는데, 결코 피곤하지도 배고프지도 않았다.

하루빨리 내 책이 출간되는 날을 꿈꾼다. 내 책을 읽은 독자들이 보낸 메일을 상상하기도 한다. 강연을 할 때 독자들이 밝은 표정을 짓는 모습을 생각한다. 그것 때문에 흥분되어 배고프지 않고 심지어 잠도 오지 않은 적도 있다. 오히려 마음이 뜨거워진다. 인문고전과 같은 책을 읽고 글을 쓰면서 생생한 꿈을 꿨고 독서와 글쓰기를 더욱 치열하게 실천했다. 독서와 글쓰기는 내 꿈을 응원했고 내 꿈의 실행력을 키워주었다. 결국 나는 선언문으로 외치던 꿈을 모두 이루었다. 또 이뤄가고 있다. 지금은 베스트셀러 작가로서 책을 쓰고 강연하는 삶을 살고 있다. 막연하게만 느껴졌던 꿈, 목표가 독서, 글쓰기를 만나자 현실이 되었다. 그렇다. 독서와 글쓰기는 꿈을 타오르게 하는 불쏘시개다. 독서와 글쓰기를 꾸준히 하면 먹고사는 일에 치여 그 꿈을 접어두었던 꿈의 불씨를 살릴 수 있다. 그 꿈과 목표를 다시 실행할 수 있는 원동력을 축적해둘 수 있다.

독서와 글쓰기를 꾸준히 하면 빛나는 미래가 열리고 꿈과 목표를 이룰 수 있다. 그 이유가 무엇일까? 바로 독서와 글쓰기가 변화에 대한 굳은 의지이기 때문이다. 인문고전을 비롯한 책은 위대한 천재가 인류에게 남겨주는 훌륭한 유산이다. 그리고 아직 태어나지 않은 자손에게 주는 선물이며 한 세대에서 다른 세대로 전달된다.

요즘은 기업의 CEO들 중에서도 꿈, 목표를 위해 인문고전을 즐겨 읽고 글을 쓰는 분들이 많다. CEO들에게 인문고전은 꿈과 목표를 발견하는 원동력이며 에너지이다. 비즈니스는 소리 없는 전쟁이다. 최강대국인 미국이 흔들리고 유럽은 지금 재정 위기로 안개 속을 헤매고 있다. 그들은 경제 전쟁 속에서 긴박한 시간을 보낸다. 하루를 시작하는 새벽과 아침 시간에 그들의 손에는 책이 있다. 망망대해에서 나침반을 잃지 않기 위해서다. CEO들에게 그 시간은 에너지를 충전하기 위한 시간이다. 그들도 누군가의 따뜻한 말과 위로를 원한다. CEO라고 해서 쉬지 않고 질주만 하는 것은 아니다. 그들도 가끔 지치고 주저앉고 싶을 때가 있다.

낮 시간 동안 직원들을 토닥이고 격려한 것처럼 그들도 누군가의 따뜻한 말과 위로를 간절히 원한다. 리더들은 외롭다. 외롭지 않으면 리더가 아니다. 그들에게 필요한 비타민은 바로 독서와 글쓰기이다. 바로 독서와 글쓰기를 통해 조직의 리더들은 구성원과 가치관을 공유한다고 한다.

나는 『명심보감』을 통해 부지런함, 지혜로움, 검약을 배웠고 작은 부자를 꿈꿨다. 또한 미래의 큰 성공도 결심했다. 나는 『명심보감』을 통해 평범한 남들보다 부지런히 일하고 덜 사치하면서 지혜로우면 큰 부자는 못 되어도 작은 부자는 될 수 있음을 알았다. 그 후로 내일 할 일을 오늘 다 하고 오늘 쓸 돈은 내일 다 쓴다. 일을 한다는 말은 돈을 번다는 말과 같으므로 열심히 돈을 벌고 쓰기를 더디게 한다. 한편 독서와 글쓰기를 통해 액수가 얼마든지 쓸 줄은 모르고 모으기만 하면 작은 부자이고, 다른 사람을 위해 돈을 쓰기 시작하면 비로소 더 큰 부자가 된다는 점을 깨달았다. 그래서 큰 부자가 되기 위해 노력하고 있다.

벤저민 디즈레일리는 사람이 인생에서 성공하는 비결을 기회가 다가올 때 그것을 받아들일 준비가 되어 있는지에 달려 있다고 말했다. 우리가 살아가면서 쌓인 모든 것은 인간 됨됨이가 바탕이 된다. 그러므로 사람은 자신의 인격과 능력을 계발하는 데 많은 시간을 투자해야 한다. 자신이 원하는 것을 얻었다고 해서 무조건 성공하는 것은 아니다. 준비되지 않은 사람에게는 오히려 화가 되기도 한다. 로또나 복권에 당첨된 대부분의 벼락부자들이 몇 년 만에 재산을 다 날리고 인생이 파산되는 이유는 부자에 걸맞은 사고방식을 계발하지 못했기 때문이다. 의사는 단돈 만 원을 받기 전에 이미 수천만 원의 돈과 시간, 노력을 투자한 사람들이다. 나이팅게일은 사람이 5년 동안 같은 주제에 대해 매일 1시간만 투자한다면 반드시 그 주제에 대한 전문가가 될 거라다 말했다. 나는 이러한 내용들을 인문고전에서 읽고 평생 배움에 힘쓰며 자기계발을 하기로 결심하고 미래의 큰 성공을 다짐했다.

인문고전 속의 열정은 독자들의 열정에 불을 지핀다. 나는 과거의 내 모습을 보면서 현재의 나를 발전시키고 있다. 그리고 현재를 통해 미래의 나를 설계한다. 그리고 변화하고 있다. 그 변화의 원동력은 바로 책을 읽고 글을 쓰는 습관이다. 나와 비슷한 사람들이 도전과 실패를 통해 깨우친 성공 법칙들이 나의 열정을 더욱 뜨겁게 만들었다. 많은 사람들의 창의적인 생각과 무모한 도전이 결국 세상을 조금씩 변화시키고 있었다.

나는 독서와 글쓰기를 통해 그들의 정신과 인내, 끈기, 판단력도 배웠다. 나는 독서와 글쓰기를 통해 열정을 얻었다. 그것이 내가 꾸준히 발전에 집중할 수 있는 이유다. 현상을 유지하기보다 도전하여 혁명적인 변화를 이룰 수 있게 되었다. 그러므로 독서와 글쓰기로 단련된 열정은 열렬한 애정을 갖고 어떤 일에 집중하는 마음가짐이다. 열정은 일을 추진하고 목표를 달성하는 데 필수 조건이다. 위대한 일 중에 열정 없이 이루어진 업적은 없다. 인생의 담대한 꿈과 목표도 마찬가지이다.

6

독서 : 독서가 일상 속 습관이 되었다

/

독서와 글쓰기를 하지 않는 사람은 영혼이 없는 인간이다.
— 키케로

나는 인문고전을 읽으면서 위인들이 인문학을 좋아한다고 느꼈다. 실제로 위인들은 인문고전을 통해 독서와 글쓰기가 습관화된 사람들이다. 위인들은 독서와 글쓰기가 목표가 아니라 습관이 되어야 함을 강조했다.

이른 새벽이나 아침에 벨소리가 요란하게 울리면 직장인들은 일어나야 한다. 출근할 시간이기 때문이다. 보통 평범한 직장인은 기상 시간에 알람을 맞춰놓아도 일어나는 시간을 지키지 못한다. 정작 습관이 되어야 할 것들은 습관화되지 않아서 힘들어하고 습관이 되지 말아야 할 것이 일상에 깊숙이 자리 잡는다. 그만큼 사람은 변하기 어렵다.

변화에는 알람이 필요하다. 왜 그럴까? 사람은 감각에 예민하다. 어디선가 시선을 끌거나 냄새가 나거나 소리가 들리면 신경이 쓰인다. 하기 싫은 것은 남들이나 주변 환경에 의해 끊임없이 알람이 울려야 경각심을 갖는다. 반면에 하고 싶은 것들은 알람이 울리지 않는다. 인문고전을 비롯한 책 읽기나 글쓰기는 알람이 울리지 않는다. 오랫동안 독서와 글쓰기를 하면서 그것을 습관으로 만들어야 함을 알았다. 목표는 달성되면 끝인 반면에 습관에는 끝이 없다. 그냥 장착되면 내 것이 된다. 잠시 내려놓을 수는 있어도 금방 또다시 습관이 된다. 어린 시절에 자전거를 타는 습관을 익히면 오랫동안 타지 않아도 금방 자전거를 타게 되는 것과 같다. 인문고전을 보면 독서와 글쓰기도 결국 습관임을 알 수 있다.

『채근담』에는 1년에 반드시 책을 50-100권 읽고 글을 쓰자는 결심을 하지 말라는 내용이 나온다. 사실 정량적인 목표도 좋지만 처음에 매일 1시간 이상을 독서하겠다는 계획을 세우고 실천하라고 한다. 권수에 신경 쓰지 않고 소소한 습관에 집중하다 보면 재미가 붙는다. 그리고 독서와 글쓰기가 습관으로 장착된다. 그때 1년에 50-100권을 읽고 글을 쓰겠다는 목표를 세우면 가속도가 붙는다. 진정한 독서를 실천하기 위해서는 글쓰기가 병행되어야 한다.

그럼에도 불구하고 여전히 독서를 하면서 읽기만 하고 글로 정리하지 않는 사람들이 매우 많다. 글로 정리하지 않으면 독서의 효과가 반감되고 실천력도 떨어진다. 영어 공부를 할 때 단순히 교재를 읽기만 하면 외국인 앞에서 꿀 먹은 벙어리가 된다. 하지만 꾸준히 글로 쓰고 영작을 하면서 읽는 연습을 하면 자신도 모르게 실력이 향상된다. 심지어 외국에 나가 봐야겠다는 자신감도 생긴다. 인문고전을 비롯한 책 읽기도 읽기에서 그치지 말고 서평이나 독후감을 작성하여 독서노트에 보관해야 한다. 그리고 배운 내용들을 모임에 참여해서 실천하다 보면 본인도 몰랐던 통찰력을 얻게 된다.

독서노트를 작성해서 보관하는 방법에는 무엇이 있을까? 나는 컴퓨터로 서론, 본론, 결론 형식을 서평을 써서 외장하드에 보관한다. 그리고 수시로 확인한다. 독서노트 작성법은 사람마다 다르다. 단순히 책의 내용을 필사하기도 하고 깨달은 점과 느낀 점을 기록하는 사람도 있다. 자신의 삶에 적용할 만한 유용한 내용을 적는 사람도 있다. 그러므로 독서노트 작성은 자신만의 방법으로 체득하자. 무조건 애독가들의 방법을 맹신할 필요는 없다. 내가 쓰는 방법도 마찬가지이다. 그냥 참고만 하고 꾸준히 책을 읽으면서 글을 써라. 그러면 자신만의 방법이 생긴다. 정답은 꾸준함이다. 독서를 통한 최고의 아웃풋은 글쓰기인데 나는 개인적으로 서평이나 독후감 쓰기를 추천한다. 나를 위한 아웃풋은 좋지만 다른 사람에게 팔리는 글이면 더욱 좋다. 누군가 내 서평이나 독후감을 통해 그 책을 구입하면 결국 내가 쓴 글이 인정받는 셈이고 서평이나 독후감을 읽은 사람은 좋은 책을 구입하는 일석이조의 효과를 누린다. 그리고 서평이나 독후감을 쓰면 글쓰기에 자신감이 생긴다. 사실 독서와 글쓰기는 누구나 가지고 싶어 하는 좋은 습관이다.

그럼에도 독서와 글쓰기를 습관화하지 못하는 이유는 무엇일까? 자녀들을 키우는 집에 가보면 부모님들의 책에 대한 열정을 느낄 수 있다. 자녀에게 좋은 책을 많이 읽게 해주겠다는 생각으로 수많은 책을 서재에 꽂아둔다. 그리고 자녀들에게 독서와 글쓰기를 강조한다. 대부분의 집이 그렇다. 그런데 자녀들에게 독서와 글쓰기 습관을 길러주고 싶어 하는 부모는 어떠한가? 정작 부모는 자신을 위한 독서와 글쓰기를 제대로 실천할까? 요즘 부모 세대의 독서와 글쓰기는 OECD 국가의 평균에 비해 한참 떨어져 있다. 부모들이 자녀들에게 독서와 글쓰기를 강조하면서 자신들에게는 관대한 이유가 무엇일까? 많은 부모들은 돈을 버느라 일을 하기 때문에 독서와 글쓰기를 하지 않는다고 답변한다. 나는 그런 어른들에게 이렇게 말하고 싶다. 부모들의 독서와 글쓰기 습관이 자녀들의 독서와 글쓰기 습관으로 치환된다고 말이다. 자녀들은 부모들의 뒷모습을 보고 배운다는 말이 있다. 가정에서 부모의 책을 읽고 글을 쓰는 모습이 자녀들이 책을 읽고 글을 쓰게 만든다.

그러면 내가 인문학 관련 책을 통해 배운 독서와 글쓰기 습관을 소개하겠다. 독서와 글쓰기를 처음하시는 분들을 위한 방법이다.

시작은 3권이다. 무조건 쉬운 책 3권을 선택하라. 읽어보고 싶었던 책이나 베스트셀러가 아니다. 무조건 쉬운 책을 선정하라. 두꺼운 책도 안된다. 250쪽 정도의 쉬운 인문학 관련 도서나 자기계발서, 에세이를 추천한다. 자신에게 자극이 될 만한 사람의 책이면 더욱 좋다. 구입을 하든 아니면 도서관에서 대여하라. 무조건 3권을 한꺼번에 선정해야 한다. 그렇게 해서 3권을 탐독하고 서평이나 독후감을 작성해서 독서노트나 PC에 보관하라. 첫 번째 책은 약속했으니까 읽고 두 번째 책은 한 권으로 자존심이 허락하지 않으니 읽어라. 세 번째 책은 이것만 읽으면 목표를 달성한다는 각오로 읽어라. 쉬운 책이기 때문에 일주일 안에 다 읽을 수 있다. 이렇게 책을 다 읽으면 바로 다음 책으로 넘어가야겠다고 느끼게 된다. 그리고 여유 시간에 독서와 글쓰기를 하는 게 아니다. 독서와 글쓰기를 하고 남은 시간에 여유를 즐겨야 한다. 그러므로 독서와 글쓰기를 해야만 하는 분명한 이유를 찾아 시간을 억지로라도 만들어라. 꾸준히 실천하면 뿌듯함과 즐거움을 느낄 수 있다. 시작은 작게, 목표는 거창하게, 실행은 당장이다.

교보그룹 창업주 신용호 회장이 이런 명언을 남겼다.

"사람은 책을 만들고, 책은 사람을 만든다."

예전에 신용호 회장의 이야기가 있는 책에서 읽은 명언으로 교보문고의 캐치프레이즈라는 사실을 최근에야 알았다. 그 순간 신 회장님이 가진 애국정신과 민족 교육에 대한 헌신적인 이야기가 상기되었다. 그 후 교보문고를 갈 일이 있을 때마다 그의 이야기가 수시로 떠오른다.

"아는 만큼 보이고 아는 만큼 들린다."

인문고전을 탐독하고 글을 쓰면서 읽은 구절로, 이를 통해 하나의 사건을 바라볼 때 자신이 알고 있는 지식의 넓이와 깊이에 따라 이해하는 정도가 달라짐을 깨달았다.

세계적인 부호이자 마이크로소프트의 창업주 빌 게이츠는 세 자녀를 두고 있다. 그는 올해 21세, 18세, 14세 된 세 자녀에게 IT 기기 사용을 엄격히 제한하기로 유명하다. 그의 자녀들은 컴퓨터 사용 시간이 하루 45분으로 제한되어 있고, 13세가 되어서야 첫 휴대폰을 가질 수 있었다. 이런 교육관은 그의 아버지가 쓴 저서 『게이츠가 게이츠에게』에 담겨 있다. 법률가였던 아버지는 TV를 못 보게 하고 독서하고 글을 쓰는 시간을 늘려서 스스로 생각하는 법을 기르게 하려고 애썼다고 밝혔다. 온라인 게임, 오락, 유흥, 휴대폰 사용을 제한하는 것은 게이츠 가문의 교육법이다. 빌 게이츠는 미성년 자녀의 통제에 대해서는 아버지보다 더 엄격하다. 그는 자녀들이 성인이 될 때까지 인터넷을 통해 무엇을 보는지 부모가 살펴봐야 한다는 생각을 밝혔다. 자녀의 이메일이나 SNS 비밀번호 보호가 자녀의 독립 이후 이뤄져야 한다는 보수적인 발언을 하기도 했다.

나는 '세상의 모든 것은 아는 만큼 보이고 들린다'는 사실을 인문고전과 같은 책에서 배웠다. 그리고 인문고전을 통해 독서와 글쓰기를 습관으로 만들었다. 끊임없는 배움이 집안을 일으키는 근본이다. 명심하자. 옥도 다듬어야 귀한 보석이듯이 공부는 보석을 만드는 지름길이다.

7

훈련 : 생각 근육, 독서 근육을 키웠다

/

사람은 책을 만들고 책은 사람을 만든다.
– 신용호(교보그룹 회장)

생각의 근육을 키우는 효과적인 방법은 무엇일까? 정답은 독서와 글쓰기이다. 특히 인문고전을 읽고 글을 써라. 독서와 글쓰기를 하는 이유는 지식의 확장이 아니라 의식의 확장을 위해서다. 즉 생각의 근육을 키우기 위한 것이다. 월요일에는 한 주의 시작을 알리는 알람소리에 힘겹게 눈을 뜬다. 그때가 되면 항상 몸이 긴장을 하고 있는 느낌이다. 새로운 출발의 설렘보다는 한 주간 있을 일상에 대한 부담이 설렘을 대체하고 있다. 여유 시간에 읽은 책들 속에서 삶의 방향을 이끌어줄 좋은 문장들을 만나지만 그 문장들로 한 주를 살아내기는 힘들다는 생각도 든다.

인문고전과 같은 책을 읽고 글을 쓰는 목적은 지혜로운 삶을 살기 위함이다. 지혜를 구하기 위한 무수히 많은 도전과 노력을 하고 그것을 통해 발전한다. 하지만 무언가에 대한 아쉬움에 여전히 과제물로 남는다. 그것은 독서와 글쓰기를 지식을 구하는 도구로만 활용하기 때문이다. 독서와 글쓰기로 추구해야 하는 가치는 지식의 확장도 있지만 그보다는 의식의 확장에 비중을 두어야 한다. 생각이 바뀌지 않으면 지식이 독이 될 수도 있다. 많이 안다고 세상을 영화롭게 할 수 있는 것은 아니다.

아는 것을 의미 있는 일로 전환시키려면 생각의 변화를 통한 의식의 확장을 이루어야 한다. 보는 것이 전부는 아니다. 지금 생각할 수 있는 것이 전부는 아니다. 우리는 생각이 더 커지고 넓어지는 의식 확장을 경험해야 한다. 의식 확장을 통해 생각의 영역을 넓혀야 한다. 넓어진 생각의 힘을 발휘할 근육을 만들어야 한다. 우리는 독서와 글쓰기를 통해서 지식을 얻고 얻은 지식을 지혜로 발전시킨다. 그리고 지혜가 생각의 확장으로 이어지는 과정을 거쳐서 단단한 근육으로 만들어진다. 바로 그 생각의 근육이 강한 추진력을 발휘하게 한다.

요즘 남녀노소를 불문하고 대부분의 사람이 스마트폰, 모바일 기기에 열중하고 있다. 독서나 글쓰기를 하는 사람을 찾기 힘들다. 영상매체가 지면을 활용한 독서와 글쓰기를 밀어내고 있는 실정이다. 하지만 독서와 글쓰기의 유익함은 굉장히 많다. 그중에서도 중요한 효과는 고정된 사고의 틀을 변화시켜주고 새로운 정보를 입력시켜준다는 점이다. 새로운 정보가 들어가야 자극을 일으키고 변화를 자각하게 된다. 인간관계나 내면의 성숙에서 가장 큰 문제는 고정관념이다. 고정관념이 있는 사람은 변화에 대해 두려워하고 기피한다. 변화를 추구하려면 먼저 생각이 바뀌어야 하는데 독서와 글쓰기는 생각을 바꿔준다.

생각이 변화되도록 돕는 독서와 글쓰기는 마음의 변화를 만들어낸다. 마음은 우리가 가진 정신의 활동 무대이다. 마음을 통해 모든 것이 시작된다. 마음의 변화는 생각에서 온다. 우리는 마음을 새롭게 하는 일에 힘써야 한다. 모든 변화는 마음을 새롭게 함으로 시작된다. 우리의 마음은 저금통과 같다. 집어넣은 대로 나오게 되어 있다. 우리가 읽고 쓴 것은 생각에 영향을 주고, 생각은 마음에 영향을 준다. 그리고 우리는 마음에 가득한 것을 입으로 말하게 된다.

어떤 인문학 책에는 이런 말이 나온다. "선한 사람은 마음에 쌓은 선에서 선을 내고 악한 자는 그 쌓은 악에서 악을 낸다. 이는 마음의 가득한 것을 입으로 말하는 행동이다." 이것은 마치 치약과 같다. 하얀 색 치약통을 짜면 하얀 색 치약이 나오고 파란 색 치약 통을 짜면 파란 색 치약이 나오게 되어 있다. 무엇을 집어넣느냐에 따라 집어넣은 것이 나오는 것이다. 그러므로 우리 마음에 무엇을 집어넣느냐가 중요하다. 우리 마음에 무엇인가를 집어넣는 습관과 행동이 바로 독서와 글쓰기이다. 생각이 바뀌면 언어가 바뀌고 언어가 바뀌면 행동이 바뀐다. 행동이 바뀌면 인격이 바뀌고 인격이 바뀌면 운명이 바뀌게 되어 있다.

첫 출발점은 생각이다. 중요한 것은 생각의 습관이고 그 생각의 습관이 마음의 습관을 결정하고 마음의 습관이 우리의 태도를 결정한다. 인생에서 승리와 성공의 비결은 태도에 있다. 인생을 성공적으로 살아가는 사람들은 태도가 탁월했다. 독서와 글쓰기는 생각에 영향을 끼치므로 우리는 인문고전과 같은 좋은 책을 읽고 글을 써야 한다. 독서와 글쓰기를 통해 사고에 좋은 영향을 주어 변화를 이루어야 한다. 그때 우리는 자신의 진면모를 발견하고 개인의 성숙과 변화를 열망하게 된다.

또한 독서와 글쓰기는 생각의 힘을 길러준다. 그 생각을 통해 판단력, 분별력, 통찰력의 근육이 자라게 된다. 물론 어떤 책을 읽고 글을 쓰느냐가 중요하지만 우선 독서와 글쓰기를 하고자 하는 의지가 있어야 한다. 그다음에 저자의 의도와 사상을 구별할 필요가 있다. 어느 한 장르에만 국한되지 말고 골고루 저자의 생각을 살펴보고 책의 다양성을 인정할 수 있어야 한다. 좋은 독서와 글쓰기는 마음의 지경뿐만 아니라 생각을 넓히는 데도 힘이 된다. 깊은 독서와 글쓰기는 영적인 사고까지 길러준다. 깊은 독서와 글쓰기로 영적 사고가 탁월해진 사람은 세상을 보는 시각과 관점이 달라진다. 여러 종류의 책을 많이 접하고 글을 쓴 사람이 결국 승리한다.

현재 학생인 자녀를 키우는 부모라면 신년 계획 중에 독서와 글쓰기가 빠져서는 안 된다. 작가로서 독자들에게 진심으로 당부한다. 아이와 부모 모두 독서리스트를 만들어라. 한 달에 몇 권의 책을 읽고 글을 쓰겠다는 목표를 세워 가족이 함께 실천해보기 바란다. 어릴 때 운동을 시작한 사람은 대부분 어른이 되어서도 발달된 운동 신경을 가지고 있다. 나이가 들어 새로운 운동을 시작하더라도 기본 체력이 있어 쉽게 배울 수 있다.

독서와 글쓰기도 마찬가지다. 어릴 때부터 시작해야 한다. 어릴 때부터 '독서 근육'을 만들어야 한다. 어른이 되어 독서를 시작하면 늦은 감이 있다. 자녀의 인생에서 가장 중요한 것은 무엇일까? 자녀를 키우는 부모에게 중요한 것은 또 무엇일까? 그것은 바로 독서와 글쓰기이다. 그것은 무한 자본이며 자신을 성장하고 발전시키는 원동력이 된다. 컴퓨터, 스마트폰, 모바일기기 세대인 자녀들에게는 더욱 중요하다. 독서와 글쓰기를 많이 실천할수록 사고의 폭은 커지고 창의력이 개발되기 때문이다. 우리가 잘 알고 있듯 미래의 직장은 창의적인 인재를 원한다. 미래 인공지능 시대가 오더라도 창의력을 가지고 있는 사람은 두렵지 않다. 나는 작가로서 창의력을 개발하기 위해서는 독서와 글쓰기가 필수임을 더욱 강조하고 싶다.

외국 명문 대학의 특이한 교육 중 가장 대표적인 방식이 1:1 토론 방식이다. 교수와 학생이 일주일에 한 번씩 만나서 주어진 주제에 대해 글을 쓰고 토론한다. 예를 들면, 윤리학 시간에 칸트의 『순수이성비판』 이론에 대해 논의한다고 가정하면, 학생은 그 전에 5-6권의 관련 책을 읽고 5쪽 정도의 글을 수업 전에 써가야 한다. 그리고 교수는 학생의 글을 읽고 비판적인 코멘트를 해주며, 학생은 자기가 글에서 전개한 논리 방식과 내용에 대해 변론해야 한다. 교수는 책에서 말하는 내용을 앵무새처럼 전달받기를 원하지 않는다. 그래서 학생이 무엇을 생각하는지 끊임없이 묻는다. 이 교육의 목적은 주제에 대한 생각과 논지와 논리를 정립하는 데 있다. 바로 '비판적인 사고'의 훈련이다.

외국의 명문 대학들은 왜 비판적인 사고를 강조하고 훈련할까? 바로 비판적인 사고야말로 사회와 조직을 이끄는 리더가 가져야 할 가장 기본적인 능력이기 때문이다. 비판적인 사고를 통해 리더는 문제 상황을 분석하고 해결책을 찾는 능력을 배양한다. 글로벌 기업을 이끄는 리더들은 이런 비판적인 사고능력의 천재들이다. 글로벌 리더로 성장하기 위해 비판적인 사고를 배양할 수 있는 가장 효과적인 방법은 책을 읽고 글을 쓰는 습관이다. 이 방법을 통해 전 세계 리더들은 비판적인 사고의 힘을 키웠고 남보다 앞서 생각하고 믿는 바를 실현할 수 있는 힘을 길렀다.

나는 독서와 글쓰기를 새벽과 아침 시간에 하기 때문에 일찍 자고 일찍 일어난다. 오랫동안 실천한 결과 새벽과 아침을 눈부신 시간으로 만들 수 있었다. 나는 어릴 때 시키는 일, 공부를 잘 해내는 사람이었다. 하지만 스스로 뭔가를 찾아서 하거나 창의적인 아이디어를 내는 주체적인 사람이 아니었다. 그러나 독서와 글쓰기를 오랫동안 하면서 창의력, 상상력, 유연성이 풍부한 인간으로 변했다. 만약에 누군가 나한테 창의력, 상상력, 유연성을 키우는 비결을 알려달라고 한다면 주저하지 않고 독서와 글쓰기를 하라고 답한다. 나 역시 그것을 통해 예전에 나로서는 감히 상상할 수 없는 목표를 하나씩 시도하며 이루어갔다. 지금은 이런 내가 대견하다. 지금은 항상 자신감이 넘치고 온몸에 힘이 들어간다. 책을 읽고 글을 쓰는 습관은 좀 더 넓은 세상과 목표를 꿈꾸게 해줬다. 긍정적인 사고방식을 가지게 해줬고 그로써 한계를 뛰어넘어 세계로 확장시켜 생각하게 되었다. 또한 유연해진 사고로 웬만한 시련에는 흔들리지 않는다.

나는 독서와 글쓰기가 남는 장사라고 생각한다. 약 15,000-20,000원을 지불하면 일류가 혼신의 힘을 다해 기록한 책을 구할 수 있고 게다가 그들이 오랫동안 고민해서 완성해놓은 지식재산을 짧은 시간에 내 것으로 만들 수 있기 때문이다. 그런데 요즘 현대인들의 독서와 글쓰기 수준이 형편없이 낮다는 조사 결과에 안타까운 느낌이 든다. 하지만 똑똑하고 노련한 사람들은 독서와 글쓰기의 장점을 안다. 하지만 귀찮아서 실천하지 않는다. 현란하고 자극적으로 받아들일 수 있는 콘텐츠가 많은 세상에 가만히 인문고전과 같은 책을 읽고 글을 쓰는 습관은 여유의 상징일 수도 있고 어쩌면 한심해 보일 수도 있다.

하지만 나는 이렇게 독서하고 글을 쓰는 습관이 원하는 목표와 꿈을 달성하는 지름길이라 생각한다. 그 이유는 생각하는 힘을 길러주기 때문이다. 책을 읽고 글을 쓰면 비판적 사고가 키워진다. 과거의 나였으면 그냥 지나쳤을 내용들을 다시 한 번 생각하게 된다. 나는 인문고전과 같은 책을 탐독하고 글을 쓰면서 유연한 사고를 키웠다. 즉 독서와 글쓰기를 오랫동안 실천하면 깊고 넓은 생각을 하는 근육을 키울 수 있다.

인문학으로 깨닫다 ⑤ 『명심보감』

내가 마지막 장에서 추천하는 인문고전은 『명심보감』이다. 『명심보감』은 마음경영법, 자기계발 방법, 깊이 생각하는 법 등을 망라하고 있다. 무엇보다도 독서와 글쓰기를 습관으로 만들어주는 훌륭한 책이다. 『명심보감』을 탐독하고 글을 쓰면 지식보다 인성이 더 중요함을 알 수 있다. 특히 오늘날의 사회는 피라미드처럼 쌓아올린 스펙보다, 됨됨이가 올곧은 전인적인 품성을 요구하고 있다. 우물이 깊어야 맑은 물을 길어 올릴 수 있음을 알아야 한다. 『명심보감』을 읽으면 인격을 갖추지 못한 지식은 추락하는 사회악이 될 뿐임을 알 수 있다.

『명심보감』을 탐독하고 글을 쓰면 명확한 사람이 될 수밖에 없다. 높은 건물을 만들기 위해서는 먼저 보이지 않는 지하의 기반을 튼튼하게 다져야 한다. 시대가 아무리 변해도 인간의 기본 덕목은 변하지 않는다. 마음속에 『명심보감』에서 배운 지혜를 간직하고 산다면 사람의 도리를 벗어나는 일을 막을 수 있고 옛 도덕을 지혜롭게 현대에 적용하며 살 수 있는 능력이 생긴다. 세상의 모든 물건은 사용할수록 닳는다. 하지만 사랑과 넉넉한 마음은 아무리 사용해도 닳거나 줄지 않는다. 나는 『명심보감』을 읽고 글을 쓰는 사람들이 사용해도 줄지 않는 사랑의 화수분이 되길 기대한다.

인문학으로 진정 원하는 삶을 살자

여행 장소, 식당을 선택할 때 온라인으로 사람들이 많이 방문한 곳을 찾는 이유가 무엇일까? 그 이유는 이미 증명되었다고 여기기 때문이다. 혹은 발품을 하는 수고를 하지 않아도 되니까 효율적이라 생각할 수도 있다. 하지만 다른 이들이 모두 좋다고 해도 내 취향이 아닐 수도 있다. 또한 사진에서는 멋지게 나온 여행지의 모습이 실제로 가보면 초라할 수도 있다. 반면에 유명한 장소가 아니라도 내 취향에 맞으면 기대 이상의 만족감을 얻는다. 잘 알려지지 않았어도 내가 만족한 장소는 프로필을 장식할 나만의 장소가 될 수 있다. 경험해본 사람들은 알겠지만 더 기억에 남고 할 이야기가 많은 쪽은 내가 직접 찾은 식당과 여행 장소다.

우리의 인생도 크게 다르지 않다고 생각한다. 잘 닦여 있어 많은 사람이 간 길은 가기도 편하고 안전하지만 크게 기억에 남지 않는다. 반면에 남들이 잘 가지 않는 비포장도로를 선택했다고 가정하자. 길은 울퉁불퉁해서 불편할 수도 있다. 밤에는 이정표가 보이지 않는 곳도 있다. 지금 가는 길이 자신에게 적합한지 확신할 수 없다. 하지만 그 길을 가는 동안에는 제대로 가기 위해 최선을 다한다. 그렇게 가다 보면 아름다운 경치를 발견할 수도 있고 추억의 장소를 찾을 수도 있다. 그리고 나중에 목표 지점에 도착했을 때 잘 지나왔다고 느낄 것이다.

나는 제품 연구개발·설계·모델링 기술자로 4년째 살고 있다. 그리고 올해 2019년부터는 기술자 겸 작가로 활동하고 있다. 나는 내 길이 어디로 향하는지 완벽하게 알 수 없다. 정확한 사실은 지금껏 살아온 어느 때보다 살아 있음을 느낀다는 점이다. 능동적으로 일과 삶을 조각하면서 보낸 하루는 보람 있다. 미래는 불확실하다. 하지만 앞으로 어떤 인생이 펼쳐질지 생각하면 기대가 크다. 가능성이 무한하기 때문이다.

인문고전이 모든 사람에게 다 맞지는 않는다는 사실을 알고 있다. 그러나 최소한 나 같은 사람들에게는 만족스러운 책이다. 우선 인생과 내일을 대하는 태도가 완전히 달라졌다. 힘든 일도 있지만 더 이상 옛날처럼 스트레스를 받지 않게 되었다. 바쁜 일상에 치이며 살아도 눈빛이 살아 있다. 극한의 힘든 상황 속에서도 일상에 집중하고 몰입하는 나 자신을 자주 만난다.

인문고전을 읽고 글을 쓰는 습관이 사람을 특별하게 만든다. 나는 무엇보다 새벽에 일찍 하루를 시작하게 되었다. 나는 새벽 4시가 되면 알람 소리와 함께 어김없이 일어나서 서재로 간다. 거기서 책을 읽고 글을 쓴다. 하루가 점점 상쾌해지고 있다.

지금 내 인생은 지극히 단순해졌다. 업무 시간이 아닐 때는 휴대폰이 조용하다. 만나는 사람의 수도 예전보다 줄었다. 대신 내가 좋아하는 사람과 연락할 시간은 많아졌다. 가끔 수다를 떨고 싶을 때도 있지만 견딜 만하다. 그리고 전혀 외롭지 않다. 그래서 단순함이 주는 감정의 평온함과 맑은 머리가 더 고맙게 느껴진다.

동료, 친구들과 회식, 오락을 거의 하지 않기 때문에 세상의 시스템에서도 어느 정도 자유로운 느낌을 받는다. 퇴근 후에 사람들의 번잡함을 피하려고 집에 바로 와서 하루를 마칠 준비를 한다. 어떤 사람들에게는 중요하지 않은 작은 변화겠지만 독서, 글쓰기 마니아인 나에게는 의미 있는 변화다.

독서와 글쓰기는 나에게 부업(사이드 프로젝트)이면서 모험이다. 나를 작가로 만들어주었기 때문이다. 모험의 사전적 정의는 '위험을 무릅쓰고 어떤 일을 함'이다. 대부분의 사람은 모험을 싫어한다. 죽기 전에 후회한다는 사실을 뻔히 알면서도 위험을 무릅쓰고 싶지 않기 때문이다. 나의 어릴 적이 바로 그랬다. 하지만 세월이 지날수록 가만히 있을 수가 없었다. 가장 큰 위험은 '알면서 아무것도 하지 않는 것'이다. 모든 모험에는 위기가 있다. 하지만 위기를 벗어나면 새로운 도전이 시작된다. 커다란 위기 뒤에는 반드시 큰 기회가 따른다. 모험 중에 위기를 두려워하지 않으면 평범한 남들이 얻지 못하는 기회를 얻는다. 그 결과는 달콤하다. 그 과정에서 위험을 최소화하면서 모험하는 방법도 알게 된다.

　나는 23살 때부터 독서, 글쓰기를 시작했다. 그러다가 점점 거기에 빠져들었다. 자기계발서로 시작했던 독서는 인문고전, 전기문, 평전, 실용서로 이어졌다. 지금의 나에게 현실적인 조언을 해주리라 기대했다. 100권 정도 읽었을 때는 책값이 아깝다는 생각이 들었다. 200권을 넘겼을 때는 왜 작가들이 비슷한 말을 하는지 궁금했다. 500권이 넘었을 때 비로소 알게 되었다. 그런 작가의 주장이 인생의 진리였다는 사실임을 깨달았다. 글귀들을 내 머릿속과 마음속에서 곱씹어보기 시작했다. 진리를 받아들일 마음가짐을 갖춘 순간이었다. 그렇게 오랜 세월이 지났다. 나는 서서히 변하기 시작했다. 읽기만 했던 지식을 이해하기 시작했고 이해한 지식재산을 고민해서 삶에 적용하고자 노력했다. 행동이 생각을 규정하지 않고 생각이 행동을 리드하기 시작했다. 행동으로 이어지는 생각은 사람을 변화시킨다. 물론 모든 일이 내가 원하는 대로 되지 않았다. 하지만 적어도 예전처럼 멈추어 있지 않았다. 나는 살아 움직이고 있었고 그 움직임은 나에게 희망을 줬다.

그러다가 내 의식에 혁명이 일어났다. 8년이 지났다. 지금의 나는 어떤 모습일까? 나는 완벽하게 변했다. 나는 항상 꿈꾸고 행동하는 사람이 되었다. 나는 비전을 가지고 인생을 개척하는 사람이 되었다. 또한 열정이 충만한 사람이 되었다. 어릴 적의 뜨거운 열정과는 다른 강한 자존감의 열정을 가진 사람이 되었다. 이제 더 이상 상황을 탓하지 않는다. 과거에 독이라 여겼던 시간들이 증류 과정을 거쳐 약이 되었기 때문이다. 당시의 위기가 아니었다면 지금의 나는 없었다. 지금은 오히려 그때를 추억하면서 감동한다. 무엇보다 의식이 가장 크게 변했다. 생각도 변했다. 내 생각과 의식을 변하게 만든 존재는 바로 인문고전과 같은 책이다. 나는 지난 8년 동안 그러한 책을 읽고 글을 썼다. 그리고 변화된 의식, 생각이 만든 목표로 책을 써서 마침내 출간하게 되었다. 나는 이렇게 내 삶을 원하는 방향으로 이끌고 있다.

결과적으로 나는 위험을 최소화하고 신중하면서도 내가 원하는 삶을 살아갈 방법을 열심히 찾았다. 진정 변화를 원한다면 그 정도 노력은 할 수 있지 않을까?